高职院校教育与教学方法研究

王璨璨◎著

时代文艺出版社
SHIDAI WENYI CHUBANSHE

图书在版编目（CIP）数据

高职院校教育与教学方法研究/王璨璨著. -- 长春:
时代文艺出版社, 2023.12
ISBN 978-7-5387-7404-7

Ⅰ.①高… Ⅱ.①王… Ⅲ.①高等职业教育－教学研
究 Ⅳ.①G718.5

中国国家版本馆CIP数据核字(2024)第015589号

高职院校教育与教学方法研究
GAOZHI YUANXIAO JIAOYU YU JIAOXUE FANGFA YANJIU
王璨璨　著

出 品 人：吴　刚
责任编辑：初昆阳
助理编辑：赵兵欣
装帧设计：文　树
排版制作：隋淑凤

出版发行：时代文艺出版社
地　　址：长春市福祉大路5788号　龙腾国际大厦A座15层　（130118）
电　　话：0431-81629751（总编办）　　0431-81629758（发行部）
官方微博：weibo.com/tlapress
开　　本：710mm×1000mm　1/16
字　　数：209千字
印　　张：13.75
印　　刷：廊坊市广阳区九洲印刷厂
版　　次：2023年12月第1版
印　　次：2023年12月第1次印刷
定　　价：76.00元

图书如有印装错误　请寄回印厂调换

前　言

由于社会生产力的不断发展，社会对于专业技能的需求也趋向专业化、多样化，社会的需求导致高等学校面临着重新确定办学定位以及进行分类、分层与分化的重要课题。在高等教育大众化发展趋势下，找准符合办学定位和办学指导思想的人才培养模式，对各高职院校来说既势在必行又意义深远。作为人才培养的重要阵地，大学应把提高自主创新能力作为重要任务之一，切实提高人才培养质量。将应用型创新人才培养纳入教育教学实践中，重新研究教育教学实施方案，采取针对性的措施，合理调整专业与课程设置，为社会生产和经济发展提供"用得上、留得住"的应用型创新人才。应用型大学要始终把培养高素质创新人才作为根本任务，积极利用各种资源，推进创新团队建设，努力培养一批德才兼备的应用型创新人才。

高职院校教学改革的不断推进，对于教学管理工作的要求也越来越高，积极优化与创新势在必行。针对此，高职院校应该清楚地认识到这一点，并正视教育教学管理工作中存在的不足，以提升人才培养效果为目标合理进行优化，在增强学生知识技能的同时，关注他们的综合素质培养。

目　录

第一章　高职院校教育教学相关理论

高职院校教育教学是高职院校教育实现教育目的、培养专门人才、体现社会价值的各种具体活动表现方式之一，是高职院校教育最主要的组织活动。高职院校教育的其他活动都是围绕教学而展开、为教学服务的。任何教学活动都是一个历时性的过程，是一个目标差异大、参与要素多、各种影响复杂的教育实践体系。这个教育实践体系的各个构成要素经过多种形式组合、为实现各个目标而发挥作用，不同要素组合在不同环境下运行又使高职院校教育教学形式丰富多彩。

第一节　高职院校教育教学本质及其特征

一、高职院校教育教学的作用与功能

高职院校教育教学作用与功能就是教学活动的基本目标与任务，它主要源于三个方面：教师的需求目标、学生的需求目标、社会的需求目标。在高职院校教育逐步发展、受教育人群日益扩大的形势下，社会本位的教学功能不断弱化，"以人为本"的教育思想越来越占重要地位。所以，教学活动的目标必须同时考虑教学活动主体，即教师和学生的个人需求，教师

通过教学传播知识，促进自我的进一步探究，同时引导学生获得专业技能的训练，从而获得满足与成就感。学生通过对社会愿望、个人兴趣以及基本能力的综合考虑，主动接受高职院校教育、参与教学活动，以达到身心和智力的全面发展。社会对教学活动的需求可能是具体而分层次的，教师和学生对教学活动的需求可能是抽象而含糊的。对这种矛盾冲突的认识和化解有利于教学方法创新。

二、高职院校教育教学的主体与环境

高职院校教育教学的主体与环境是教学活动赖以开展的基本条件。教学主体就是有目的、有意识地进行教学实践活动和认识活动的人，并在教学活动中确立和体现主体地位的现实的人。这里的人包括三层含义：现实的人、动态发展的人、个体与群体相统一的人。因此，学生也是教学活动的主体之一。教学环境是相对于教学主体而言的，它包括教学活动中除主体之外的一切物质的、时空的、媒介的关系等方面，尽管环境在教学活动中处于从属地位，但对其实现教学目标有极其重要的影响。

三、高职院校教育教学的形式与内容

高职院校教育教学的形式与内容往往表现得最为具体、生动，既反映内容与形式的对应关系，也反映形式与环境的协调关系，还反映教学活动直接主体（教师与学生）与间接主体（教学管理者）协商一致管理的特征。单从教学活动形式来看，就是内容、环境、主体的统一，如课堂教学、课外练习、社会实践就是三者关系的不同组合结果。如果从教学活动主体的作为来看，则有讲授活动、听课活动、师生研讨活动等，每一种活动，各自主体地位的表现是不同的。高职院校教育教学内容是与教学目标紧密相连的，尽管目前我国高职院校教育教学的计划性正在减弱，但总体上依然比较强，也就是说从国家或社会本位出发对专门人才的知识、技能体系有一个制度设计和进程安排，教学内容按照这些制度和进程逐步展开。现在，我国开始注意发挥教师和学生的主动性，对教学内容的选择权有所放开，但与教师自主裁量教学内容和学生在完全学分制下自由选择教学内容还有相当距离，至少学生的职业规划与学校的学业指导工作短时间内难以跟上。

四、高职院校教育教学的特点与过程

高职院校教育教学的特点与过程是联系在一起的，教育与教学是一个循序渐进的过程，世界上没有任何一种瞬时性的教学活动，过程性本身就是教学活动的普遍特点，因此很多学者用"教学过程"代替"教学活动"，专注于研究高职院校教学过程，而不刻意研究高职院校教育教学活动也是可以理解的，只是过程性特点不为高职院校教育教学所特有。所以，将两者混淆是不合理的，无论是对高职院校教育教学活动的瞬时考察还是从教学效果的分析，高职院校教育教学活动的特点都是十分明显的，具体有如下一些特点。

其一，专业性教学与综合性认知相结合。高职院校教育与基础教育的最大不同就在于知识的专业系统性，属于建立在基础教育之上的专业教育：教学目标和内容按照不同学科专业领域的知识体系进行设计，教学组织形式也分专业进行。同时，高职院校教育教学活动的综合性认知也十分明显：在专业性教学内容与教学情景中，学生的知识、能力、素质得到全面培育，即使是一门十分专业的课程，在课程设置、活动设计中，也安排有一定分量的基本素质和能力训练的内容和项目，教学活动对学生的影响是综合性的，对学生的培养是多方位的。

其二，隐性教学与显性教学相结合。高职院校教育教学活动对人才培养的影响作用趋于多样化，传统课堂的直接影响、作业与练习的直观影响等属于显性活动部分，还有许多潜移默化的教学活动，比如学术报告会、参观学习、社会调查、教师对学生得体的表扬或批评等，这些看似不像规范的教学活动属于隐性教学活动，它的教育意义和对学生的影响绝不只是现场表现出来的结果，而要比现场深远得多、广泛得多。教育中的所谓"启发""养成"，其实就是对这种隐性教学活动功能的表述。

其三，教学活动与科研活动相结合。科学研究活动是人类有意识地探究世界的实践活动，我们说高职院校教育教学活动是一种接近于人类认识世界实践活动的有效组织方式，本意就在于表明高职院校教育教学活动不是纯粹的知识传授活动，也不纯粹是师生交往与情景感悟活动，而是有目的地引导学生学会认知和探究世界的方法、训练基本的认知能力的活动。如果说本科生教学对这方面的要求只是初步的，那么研究生的教学则是典型的认识已知与探求未知的统一，就是教学活动与科研活动的统一，教师和学生在各自的教学活动任务中都可以实现认识已知与探索未知的结合。

五、高职院校教育教学的构成要素

高职院校教育教学是一个以动词为主的、内涵比较宽泛的偏正词组，它可以指由学校为实现人才培养目标所组织的任何行动。由于各校、各学科专业的人才培养目标、质量规格、层次要求不同，高职院校教育教学活动也表现出较大的差异性。但就每一个具体教学活动单元的结构来说，它们又有许多相似性，即都是由若干基本相同的要素所构成的开放性系统，不同教学情景就由这个系统的要素的不同组合产生。

关于高职院校教育教学活动构成要素的研究，历来有不同的争论。有的从共时性角度而有的从历时性角度分析。有的从关系角度，而有的从表象角度分析；有的从深层结构，而有的从表层结构分析，不同的分析角度决定了不同的分析结果。以至于出现从"三要素说"（教师、学生、教材）到"七要素说"（学生、教学目的、教学内容、教学方法、教学环境、教学反馈、教师）的巨大差异。客观地看，这种差异是正常的，特别是更加精细的结构要素划分，只要在逻辑上没有遗漏，精细的分析应该得到提倡。通过高职院校教育教学活动的几个特点，我们认为一个比较完整的具体教学活动应该由教学主体、教学目的、教学信息、教学媒介、教学组织、教学环境六个要素构成。

（一）关于教学主体

过去以机械认识论为理论基础从施教与被教角度考虑，认为教育参与者包括作为教育者的教师和受教育者的学生两个方面，即教学主体是教师，教学对象是学生。这实际上忽视了高职院校教育教学的特殊性，因为隐性的教学效果、探究性的教学活动都依赖于学生主体性作用的发挥，所以教师与学生是高职院校教育教学活动的共同主体。

（二）关于教学目的

这是任何教学活动的基本要素，只是不同目的有层次上的高低差别。即使是高职院校教育的教学活动，其目的也有层次之分，比如一个专业培养方案中的教学目的，一门课程的教学目的，一节课堂的教学目的等等。就教学方法研究需要而言，这里的教育目的主要指一个课堂之类的教学活动的目的，其中有比较抽象的一般要求，也有比较具体的内容、技能目标。

（三）关于教学信息

以前通常用教材以及教学内容来表示。但实际上，教学内容有一部分应该包含在教学目的之中，作为目标性任务加以明确。同时，教材是教学内容的传统载体，而鉴于现在高职院校教育可供使用的教学材料日益丰富，来源途径远多于教材，故教材在高职院校教育教学活动中的地位越来越微不足道。

（四）关于教学媒介

教学媒介就是教学方法及实施方法的手段，由于现代教学技术在飞速发展，传统的方法归纳已经不能准确反映教学活动实际，很多现代教学设施、技术被应用到高职院校教育教学活动中，其究竟属于什么方法，尚未明确界定。因此，我们称其为教学媒介，即包含了传统意义上的教学方法，又包含了现代教学技术，它是传递教学知识、信息，增强教学信息刺激强度，提高教学影响效果的途径。

（五）关于教学组织

没有组织就没有活动，就一个教学活动来讲，教学组织不可缺少。在什么样的时间和空间、由哪些教师和学生参与、参与人员的规模以及教师或者学生在教学时间内的教学秩序维护等，都是教学组织的内容。

（六）关于教学环境

高职院校教育教学环境对教学活动的影响越来越大，根据教学活动的需要，不断对教学环境进行必要的调节和控制，有利于教学活动的顺利进行。经过选择、净化、提炼和加工处理的教学环境有利于教学主体实现追求真理、掌握知识、发展身心等目标。

六、高职院校教育教学模式

（一）"集中式学习"的教学模式

相对来说，集中式学习是一种较为传统的教学模式。集中式学习是以教师为中心，即由教师根据教学计划中统一规定的课程内容和教学时数，把学生集中到一起按照学校的课程表进行分科教学的一种组织形式。该教学模式强调教师的主导作用，当教学规模不是很大时，集中式学习这种组织形式相对来说是比较经济、有效的。

在这种组织形式下，教师的主导作用易于发挥，便于教师组织、监控整个教学活动的进程，这是其一；其二是有利于教学管理，使教学有目的、有计划、有组织地进行；其三是有利于自然学科的学习，自然学科中许多内容需要进行演示、分解和剖析，有些内容需要学生亲自去感触等；其四是有利于学生之间以及师生之间的情感交流，充分体现情感因素在学习过程中的重要作用。尽管集中式学习有上述优点，但它在高职院校教育教学活动中存在的弊端又是十分明显的，首先，这种教学模式无法解决学生参加学习时存在的工作与学习的矛盾、家庭与学习的矛盾以及分散居住与集中学习的矛盾；其次，它忽视了成人学生不同于其他学生在学习活动中的自主性和独特性；再次，集中式学习方式过分强调标准化、同步化、模式化，整齐划一是这种学习方式的目标追求，对成人学生知识的扩展会产生不利的影响。针对学生在学习过程中凸显的矛盾和问题，要真正保证教学效果、提高教学质量，就必须对现有的单一教学模式进行改革。

（二）"分布式学习"的教学模式

随着经济形势和信息技术的不断发展，社会总体人力资源的需求形势也发生了巨大变化，对各类高素质、高学历的专业技术人员的需求提高到了一个新的层次，对高职院校教育提出了更高的要求，并使得传统的教学模式受到了极大的挑战。

新的信息技术在教学活动中的应用，计算机网络的发展能够使教学内容得到有效的远距离传递，学生可以不必像以往那样，全体集中到一个地点，由教师面对面地传授知识。电子邮件可以支持学生之间、师生之间的交流与合作，解决学习中的问题，开展各种讨论，教学模式不再单一，因此，"分布式学习"的教学模式便应运而生，并迅速以自上而下的政策推广形式，借助国家高职院校教育政策手段投入各地办学实践。"分布式学习"是远程教育的建构主义，采用建构主义的学习环境的设计思想，将传统的以教师为中心改变为以学习者为主体，着重于为学习者提供丰富的资源建立自己的认识和理解。我们将这种新的远程教育形式称为分布式的学习。

目前对"分布式学习"的教学模式的理解有几种观点：在美国及很多国家的学者认为"分布式学习"和远程教育是一样的，指的是各种不同于面对面教学的教育；还有的认为，"分布式学习"是指开放和远程教育在传输课程时逐渐向使用新信息技术的转变；另有观点认为，"分布式学习"可作为人机交互工作的一个整体。尽管对"分布式学习"有各种不同的描述，但"分布式学习"实际是一种教学模式，它强调的是"分布"，强调为学习者提供灵活的、突破时空限制的教育，适应社会经济发展以及对人才的需求。"分布式学习"教学模式的出现，使面对面教育和开放远程教育之间的边界逐渐消失而趋于融合；加强了以学习者为中心，更有效地促进学习者的学习；使我们认识到要根据时空分布方式的变化调整学习和教学策略；"分布式学习"强调的是学习环境，学习者分处在不同环境中，有着共同的任务，在"分布式学习"环境中共同合作完成学习任务，学习是不同环境的分布，不一定受限于正式的机构设置。

随着教育的全球化"分布式学习"环境也要具有国际化思维，适应来自不同文化背景的学习者。可以说"分布式学习"是未来学习方式发展的一个新趋势。也有人认为"分布式学习"模式可以结合传统课堂教学应用，结合远程教学应用或可用于创建有效的教学课堂。学生可能是身处远方，参加远程教育，也可能是集中式学习中的一员，但他们在索取资源，汲取知识时，所利用的资源不仅仅局限于教师或者某个机构，而是充分利用现代信息技术。利用分布在各个不同地方的资源，使学习资源远比以往的单纯的传统课堂授课方式要丰富得多，所以，"分布式学习"强调的是资源的非集中化。另外，"分布式学习"的教学模式除了可以使学习者获得丰富的资源外，还可以是传统课堂授课方式的补充和灵活运用，如可通过电子邮件交作业、答疑，通过网络与教师、学生甚至专家进行交流和讨论等等。这一教学模式在成人教育教学活动中的优势十分明显，首先它解决了成人学生在学习中存在的工作与学习、家庭与学习、分散居住与集中学习的诸多矛盾，同时丰富了学习资源，学生获取知识的渠道更加宽广，教与学的方式变得更加灵活，学生学习的自主性也得到了加强，对于学生的发现性学习和研究性学习能力的培养也起到了很好的促进作用。

(三)"双元制"教学模式

"双元制"的教学模式也可称为"双轨制"教学模式,是德国在100多年来传统的学徒培训制度基础上发展而形成的,"双元制"中的"一元"指职业学校,另"一元"则指企业。学校承担学习文化和基础技术理论,企业承担职业技能培训,两元结合完成教育任务,故称之为"双元制"。"双元制"是学校与企业分工协作,以企业为主;理论与实践紧密结合,以实践为主的一种成功的教育模式。学生在企业里接受职业技能培训的同时,又在学校里接受专业理论和普通文化知识的教育,这样,既能够使学生具备毕业后立即上岗的能力,又通过学校教育使之基本素质得到提高,从而具备继续学习和终身学习的基础。

"双元制"教学模式具有以下特征。职业培训在两个完全不同的地点进行——企业和学校;受训者兼有双重身份——学生、学徒;培训者由两部分人承担——实训技师(师傅)、理论教师;教学内容原则上分两部分——企业培训按政府的培训条例和大纲进行,学校教育按国家和省级教育主管部门公布的教学大纲进行;教学管理——企业培训由政府管理,受政府法规、条例等约束;学校教学由教育主管部门管理,受教育类法规约束;经费来源的两个渠道——企业培训的费用由企业承担,学校教学的费用由政府和学生承担;以职业能力为本位的培训模式;以市场和社会需求为导向的运行机制。

"双元制"在20世纪90年代引入我国,应用到高职院校教育教学实践中,成为一种特点鲜明同时富有成效的人才培养模式。经过多年的发展,已经取得了一些成就。已经有许多实践性较强的专业采取了这种教学模式,例如,汽车维修、炼钢和轧钢、保险、物业管理、机械制造和医疗等。"双元制"教学模式的应用为我国成人教育发展提供了宝贵的案例资源,从中可以看到"双元制"教学模式的以下一些优势:

第一，改革专业课的课堂教学模式，促进学生技能的提高。"双元制"教学以职业能力为本位，各院校在实践中都突出了实践性的原则，使学生在学习的同时获得职业工作的经验，与传统的课堂型职业教育形式相比存在明显的优势。

第二，加强了学校与社会和企业的联系。"双元制"教学模式打破了传统的封闭的办学方式，由学校和企业共同承担培养学生的责任。因此，在办学中学校增强了与外界的沟通，更多地了解了社会和企业对人才的需求情况，克服了以往办学的盲目性。

第三，加快了师资队伍的建设，教师的理论水平和实际水平都有所提高。在"双元制"办学过程中，提高了专业教师的实践能力，改变了教师实践能力不高，动手能力不强的状况。

第四，各院校借鉴德国"双元制"教学模式，改革了课程结构，丰富了教学内容，使教学方法灵活多样，促进了教学模式的改革。

第二节　高职院校教育教学观念及其发展变化

一、高职院校教育教学思想观念及其核心内容

（一）高职院校教育教学活动主体

"教师主体论"源于以赫尔巴特为代表的"教师中心说"，是长期统治教育研究与指导教学活动的主导流派。该派观点认为，在教学活动中教师是唯一的主体，学生是用来供教师加工、改造的，与教学内容一起构成教师教学活动的对象，属于教学客体。"学生主体论"源于以杜威为代表的"学生中心说"，其基本观点与教师主体论相反，认为教学活动的唯一主体是学生而不是教师，教师和教学内容都是被用来塑造和加工学生的，是其

成材的工具性对象，是教学客体。而教师学生双主体论则改造了前述单一主体论的思路，提出教师和学生都是教学活动的主体，在一个完整的教学活动内，就对教学效果的最后影响来说，分不清教师的能动作用大还是学生的能动作用大，只能是两个主体并存，共同协调的结果。这时，教学内容、教学设施、教学环境等就基本上属于辅助性的东西，属于教学客体。

其实，对教学主客体的辨析有一个基本的逻辑起点，这就是从哲学引用过来的主体概念是基于什么哲学观点的，是本体论的观点还是认识论的观点。显然，从本体论出发，只能有一个主体，而从认识论出发，选择的认识活动角度不同，就会得出不同的主体结果。教学本身就是一个复杂的系统，从教学作为社会活动实践关系出发，毫无疑问教师是主体，学生是客体；从教学活动的价值关系出发，很明显，学生必然是主体，教师是客体；从认识活动的全面关系出发，则教师与学生都属于主体，客体只是那些主体之外的教学活动要素。

提高对教学活动主体的认识，有利于调动教学活动要素的积极性，对教师工作积极性、主动性与责任心有极大的激发作用，但很多情况下，教师的一厢情愿往往达不到教学效果，久而久之，教师的这种积极性也会消解。

那些单方面强调学生主体地位的观点，有利于激发学生的自我教育、自我学习、自我塑造，也有利于教师在教学中贯彻促进学生全面发展的理念，但如果缺乏教师的正确引导，学生往往也不能得其门而入，最后效果并不如意；教师和学生的双主体地位，可以比较全面地调动教师和学生在教学活动中的积极性，根据实际需要各自发挥应有的作用，共同完成教学任务，实现教育目标。

按照高职院校教育的教学活动特点来看，这种双主体观念更符合教学实际。教师和学生在教学活动中主体地位的认可，不是什么权益之争，而主要在于责任的归属。教师和学生对于那些作为客体的已知知识、未知知识的认识与探求是共同的，因此在这种"既认识已知又探索未知"的高职院校教育教学活动中，教师和学生属于共同的主体是不应该有疑问的。

（二）高职院校教育教学活动主体关系

一般来说，任何活动都存在主体与客体的关系，如果按照两种单一教学主体的观点，无论谁为主体谁为客体，都是主客体关系。但是，高职院校教育教学活动主体是双重的，不同主体之间必然构成一定的关系，因此，很有必要探讨教学活动的主体关系。至于高职院校教育教学活动的客体，在双重教学活动主体前提下，它与主体之间的关系比较简单，一方面服从于主体的需要，另一方面充当连接两个主体的纽带。

1.高职院校教师

高职院校教师是教学活动任务的具体组织者、承担者。教师群体是高职院校履行人才培养职能的直接人员，他们还在自己的专业领域肩负着科学研究和社会服务的使命。高职院校教师作为一个群体概念，包含所有在高职院校从事与教学活动相关的专业人员，既有教学第一线的任课教师，也有以科学研究为主要任务的研究人员，还有实验、实践教学以及教学活动组织管理第一线的教学辅助人员。高职院校教师作为一种社会职业者，具有较高的社会地位和重要的教学主导地位。人们常常把高职院校的人才培养和学术水平看成一个国家文明进步的标志，对履行这两项职责的高职院校教师寄予厚望。另一方面，在高职院校教育教学活动中，教师对教育内容的选择、对教学活动的调节、对教学进程的把握、对教学手段的改造等起着主导作用。因此，教师是教学活动的主体。

总之，高职院校教育教师肩负着比较多的教学职责。第一，要肩负传授知识，引导学生掌握学科专业基础知识、基本理论和基本技巧，培养和发展学生智力和专业能力的职能。第二，要在教学活动之中通过隐性手段启发和培植学生良好的道德、情操、意志与美感，关注学生的全面成长。第三，要精心组织和设计教学活动，不仅注意课堂教学活动的组织，还有由课堂延伸到课外的答疑辅导、作业评判以及相应的实验和实习、实践。

第四，为了更好地服务和改进教学，必须不断地开展专业领域的科学研究和教学研究，以引领学生及时了解科学前沿，改善教学方法，丰富教学内容。在这些基本职责中，最基本的两项是教学和科研。能否成为比较合格甚至优秀的教师，关键就在于这两项职责的履行情况。这两项职责任务完成得好，不仅可以相互促进，还可以带动其他职责更好地完成。实际上，中外高职院校都有不少教师并不能比较好地兼顾两者，相当多的教师把自己的教学目标定为传授课程知识、介绍本领域的概念和方法，很少关心学生的一般智力发展和个性发展。他们作为教学内容方面的专家，与本领域的其他人共同具有专门化的知识、概念、话语、方法，但作为教师，尤其是本科生的教师，他们则难以与学生形成共同认可并乐意接受的训练方法，他们应该丰富教学活动的知识和理论。

高职院校教师肩负的职责决定了他们的劳动特点。这就是教学手段的自主性与教学活动的示范性、教育对象的能动性与教学情景的复杂性、教学过程的长期性与教育影响的滞后性、教学方式的个体性与教育成果的集成性。面对这些特点，有的教师可能会表现出无可奈何，有的则从积极方面进行力所能及的改进，由此形成个人教学风格。比如以教学内容为中心的，以尊重学科为特点，重在教给学生系统的知识、原理；以教师自我为中心的，则相信自我的榜样作用，让学生陷入角色模拟的境地；以智力为中心的，则以训练学生的智能为目的，一切的知识、环境都只是用来训练的道具，知识、技能本身不是追求的结果。这些都是有特点的教师，还不是"全能的教师"，比较良好而全面的教学活动，应该是教师的知识、师生现实的探究、教师引人入胜的个性、人格和激励学生学习动机能力的高度复合。可见，当好一名高职院校教师实属不易。

2. 高职院校学生

高职院校教育教学活动的主要参与者除了教师就是学生，不仅高职院校的教学如此，任何学校教学活动都离不开教师和学生，二者缺一不可。

学生的积极参与不仅丰富了教学活动的内容与形式，也在很大程度上决定着教学活动的最后效果。

高职院校学生的构成是十分复杂的，而且随着教育大众化的推行、终身教育观念的深化和学习化社会的建立，到高职院校接受教育的人群越来越多，学生构成也越来越复杂。一般来说，高职院校教育的学生不分种族、地域、性别，在年龄上处于青年中期，个体的生理发展接近完成、心理变化趋于稳定，自我意识日益增强，已经接受了基本的基础教育。但这只是高职院校学生的基本规定性，实际上，世界各国高职院校的学生要比这复杂得多。就我国来说，目前本专科学生在主体上大致符合以上的规定性，随着高等教育政策的调整和大众化教育的发展，以及更多少年的提前入学，使得高职院校学生在年龄、心理、生理等方面均已突破原有规定和认识。如果将硕士、博士研究生考虑在内，则这种基本界定就显得更加局限和狭隘。

为什么参加高职院校教育的学习，是解决和了解学生的学习目的和动机的重要依据？高职院校学生的学习目的、动机是高职院校教育教学活动的重要影响因素，也是学生作为教学活动主体的重要标志。只有那些目的明确、动机纯正的学生才能在高职院校教学活动中发挥积极的主体作用。无论高职院校教育关于人才培养目标的理想设计如何，学生的实际学习目的与动机不一定与之完全合拍，但学生的要求只要是合理而可行的，就应该得到满足。研究表明，多数大学生认为，他们学习是为了取得职业的或专业的训练，获得发展自己和个人兴趣的机会，最终能够获得较高的收入。学生学习的态度与方式倾向是什么，这个问题的回答涉及学生的多个方面。

首先是目标决定态度。基础决定方法，情感决定倾向。目标明确的学生其基本态度是积极的。知识基础、能力基础强的学生，其学习方法、参与程度必然得当；依赖性、独立性、表现型、沉默型等不同情感类型的学生，其对教学活动的态度与影响也不完全相同。

(三)高职院校教育教学活动主体关系模式

教学活动也被理解为教学主体之间的人际交往活动。高职院校教育教学活动拥有多个主体,每一个教学环节都包含了各教学主体交往的关系,每一对主体关系动力的平衡与消长,都影响着教学活动。高职院校教育教学活动具有明显的个体性与综合性特点。这就是说,教师的教学既是个人的劳动表现,也是群体的劳动表现,一个教师不可能教好一个班级,培养出一批人才,甚至不可能完整地教好一门课程,必须要有教学助理、实验人员以及班主任等相关辅助人员的共同参与才行。学生的学习也是如此,纯粹单个人的学习有时不能很好地完成,我们强调开展主体性教学,所依靠的不只是单个学生的主体性,还包括建立在每一个学生主体性发挥基础上的协作教学、合作探究。所以,高职院校教育的教学主体实际上有3对主要关系:师生关系占主导地位,师师关系和生生关系居于次要地位。

师生关系是任何学校教学活动都普遍存在并引起高度重视的一种行动主体对应模式。它是以教学任务为中介,以"教"与"学"为手段构成的特殊社会人际关系,是高职院校教育最基本的、在教学活动中占主导地位的人际关系。对这种关系的认识也在不断发展变化,就其结构来说,传统的理解就是教师对学生"一对一""一对多"的主从关系,在高职院校教育教学活动中的表现就是:在课堂教学上,教师读讲义、做演算,学生记笔记、做练习;在课程设置上,必修课多于选修课;在教学管理上,实行学年制,对所有学生按一个标准来要求,个体差异没有受到重视,等等。历史经验和教训告诉我们,认识和建立新型师生关系对高职院校教育的教学来说十分重要。在这种新型师生关系中,教师与学生是"一对一""一对多""多对一""多对多"的复杂网络系统,这个网络系统功能的全面发挥,就是高职院校教育教学活动的全部任务与追求目标。

师师关系就是高职院校教育教学活动中,所涉及的教师群体内部之间的多边关系。我们发现高职院校教育教学活动中的师师关系的关注度不够,但凡谈到教学关系，必论师生关系。其实，高职院校教育教学活动中，师师关系的作用非常大，这是与初中等学校、其他培训学校完全不同的。由于这种关系的构成具有长期性、利益性、人格性等特点，所以尽管关系网络不会很庞大，但文人相轻、学术流派、师承传统、利益之争等情况常常发生，甚至影响教师的教学。这是从对立性看的，再从合作性来看，哪怕是一门课程甚至一节课堂，主讲教师与助教之间、理论教师与实验教师之间、教师与教学调度人员之间等的配合关系，都会直接影响教学活动的开展及其效果。所以说，一个和睦的教师群体对于高职院校教学活动的有效开展十分必要。

生生关系是由高职院校教育同辈学生相互之间组成的多边联系。这种关系也被称为同学集体，它可以由同年级同专业的学生构成正式的稳定关系，也可以由相同学科专业不同年级的学生，以学术爱好为基点构成稳定的师兄弟姐妹关系，还可以由教师主导创立诸如电子协会等主题组织关系。生生关系的形成具有随机性，但一旦形成，就表现出比较稳定的态势，这种态势不仅在学生大学学习期间有相互促进、影响的作用，还会在高职院校教育结束后延伸到社会活动中。生生关系对教学活动，尤其是对学习活动的影响是全方位而且深刻的，被认为是仅次于学生个人行为的力量。当然，这种关系结构的规模大小、质的差异性等内在特征会在比较大的程度上决定其对教学影响作用的发挥。

二、高职院校教育教学思想观念的演变

高职院校教育教学思想观念具体通过人才观、质量观和效率观等来表现。

（一）培养人才观念的形成

高职院校教育的根本任务是培养人才，而人才培养的主要途径是教学活动。同时，教学和科研使命又在高职院校展开了激烈的地位之争，这使

高职院校教育成为教学和科研"两个中心"的发展轨迹渐行渐远。实际上，很多学校和教师更加重视深度高的科研工作，对教学工作重视不够，教师的教学职能发挥不够。随着国家对人才培养质量的关注与重视。

人们开始重新认识和反思高职院校教育教学和科研的关系，进而确立了教学在学校工作中的中心地位。无论什么高职院校，首要任务是人才培养，科学研究也要肩负起人才培养职能。高职院校教育教师必须把教学放在第一位，切实履行教师的基本职业职责。随着世界高职院校教育发展和科技、社会进步对人才培养规格新要求的不断提出，能力本位观点越来越受到重视，学生需要成为、社会更需要提供知识全面、技能过关的高素质人才。因此，对教学活动提出了新的要求：一方面是出于理论教学与实践教学的关系问题的考虑，既不能忽视理论教学又要加强实践实验教学，另一方面也是出于协调学校教育与社会教育的关系，既不能在学校教育与社会教育之间走极端，也不能过多增加学生的时间、经费、心理等学习负担。于是，新的教学中心地位理论逐步得到丰富和发展，在校内强调理论教学与实验、在科研活动中培养学生能力，在校外加强实习实训基地建设，建立产学研究机制。

（二）提高终身学习和终身教育观念

世界科技发展的日新月异以及世界性社会工作的不断变化，由联合国教科文组织的系列报告引发，以素质教育思想为理论支撑的终身教育、终身学习观念逐渐渗透到高职院校教育领域，高职院校教育究竟是终结性教育，还是基础性教育，一时成为学术界的争论热点。特别是高职院校教育达到大众化甚至普及化程度之后，高职院校教育的基础性就更加突出，高职院校教育只能为学生未来成为科技人才、从事科技职业打下知识、能力和继续学习的基础，而不能为未来准备好所需的一切。因而，高职院校教育人才培养必须更加重视比较宽广的学科领域、比较扎实的基础知识、比较强的学习和研究能力，也必须为在职人员提供大学后继续学习的条件。

（三）以学生为本的个性化教学观念逐渐生成

一场世界性的学习革命，使高职院校教育教学模式也必须适应受教育群体的历史性变化，这是高职院校教育教学创新的直接指导原则和方向。具体而言有如下表现：由单纯的掌握知识转变为更加注重智力发展和能力培养；由单纯的、狭窄的专业知识和能力培养转变为同时注重拓宽知识面，培养具有包括外语能力、经管能力、交往能力等多种能力的复合型人才；由单纯注重统一的培养规格转变为同时注重发挥学生的多样化特长和学习潜力；由偏重于理论知识转变为同时注重实际知识，进一步强调理论与实践相结合等等。

因材施教，促进人的全面发展是一条基本教育原则。为了克服计划时代"标准件"式的高职院校教育人才规格和培养过程中的固有缺陷，突出学生在人才培养中的主体地位，在教学管理、教学环节、教学方式等方面也要将统一的、封闭的、固定的人才模式变革为多样化、个性化的教学过程和教学形式。既努力拓宽专业口径又坚持按专业培养人才，既制定人才培养目标和基本规格又给予学生充分自由的发展，既坚持教学工作的计划性又给予学校、专业、教师和学生较大的灵活性。在教学管理上，推行学分制，实行选课、选专业等灵活的制度和政策。

三、高职院校教育教学思想观念变革的趋势

进入 21 世纪以来，随着我国高职院校教育大众化进程的不断推进，高职院校教育条件保障机制等方面遇到了难以预料的困难，由此引发的人才培养质量争议成为高职院校教育的热门话题。政府和高职院校教育回应这种社会争议的积极举动就是实施"高等学校教学质量与教学创新工程"，试图既改善高职院校教育的条件保障状况，又注重将物化的环境与条件转化为人才培养所必需的制度建设，不断推进教学思想观念创新。

(一) 全面融入社会主义核心价值观

高职院校立身之本在于立德树人。所谓立德树人，即教育事业不仅要传授知识、培养能力，还要培育良好的思想品德、社会公德、职业道德、家族美德，把社会主义核心价值观融入高职教育体系中，引导学生树立正确的世界观、人生观、价值观、道德观、法制观。

(二) 建立健全大教育观

具体表现在创新高职院校教育资源共享上，通过新教材和立体化教材建设、网络教育资源开发和共享平台建设，建设面向全国高职院校教育的精品课程和立体化教材的数字化资源中心，建成一批具有示范作用和服务功能的数字化学习中心，完善服务终身学习的支持服务体系，提升我国高职院校教育的质量和整体实力。这需要充分考虑提高教学质量的系统性和复杂性，确定一些具有基础性、全局性、引导性的创新突破口，引导高职院校教育教学创新的方向，实现高职院校教育规模、结构、质量和效益协调发展。同时，也需要调动政府、学校和社会各方面的力量，把发展高职院校教育的积极性引导到提高质量上来，充分利用各方面力量支持高职院校教育的发展，切实解决高职院校教育在提高质量方面的实际问题，为高职院校教育办学创造良好的外部环境。

(三) 高职院校教育教学创新

高职院校教育教学创新与高职院校教育质量提高是一对永恒的话题。总体而言，我国高等教育教学创新在实践活动上可谓阵容庞大、气势恢宏，但在形式和内容上出彩不多。因此，在教学制度创新方面，要继续建立和完善教学评估制度、专业认证制度、高职院校教育基本状态数据发布制度等；在教学活动创新方面，不仅要落实"教授、名师要上课堂"，还要努力建设高水平教学团队。同时，应继续突出学生的主体地位，不断加大学生选课、选专业的余地，通过学分制使学生学习的自主性、自我责任心进一步增强。还应通过各级各类大规模、高强度的教学研究与教学创新立项和成果奖励，推动教学方法创新的激励机制，根本改变教学方法创新零散、自发、孤立、短效的局面。

第三节　高职院校教育教学方法

一、高职院校教育教学方法概述

在已有研究成果中，对于高职院校教育教学方法的分析和认识有本质揭示型的，也有特征或过程描述型的，对于高职院校教育教学方法研究的风向转向了"模式"路径。无论是本质揭示还是特征或过程描述，都存在一个致命缺陷：教师本位思想。这样，几乎所有关于高职院校教育教学方法的本质定义和特征归纳，都陷入以教师为主导的"二元论"泥沼，从教师角度研究教授方法，从学生角度研究学习方法，教授方法加学习方法就构成教学方法。这种逻辑思路所分析得出的结果自然离高职院校教学活动真实情景距离较远，教师的教授方法可以在没有学生参与的环境下进行，学生的学习方法更无须教师的直接参与。这两种可以游离的方法不是简单相加就可以组合成新的方法。因此，对传统的教学方法研究成果提出了批评。但批评与建构是事物发展的两个不同阶段，但在建构尚无突破、也未引起足够重视的情况下，高职院校教育教学方法的研究却转向了"教学模式"研究，随着教学模式研究的兴起，教学方法研究则式微。

其实，教学模式研究代替不了教学方法研究，或者仅仅是教学方法研究特殊阶段的一个尝试。很多教学模式研究成果显示，它属于教学方法研究范畴，教学模式是多种教学方法的综合。至于说教学模式是稳定的、典型的教学程序或策略或样式，这种表述也背离了高职院校教育教学活动的本质，与高职院校教育教学活动特征不相容。因为高职院校教育的教学活动，尤其是教学方法，不存在可以照搬、套用的"方法组合"，试图设计或概括出一种模式加以推广也不符合高职院校教师、学生、学科专业、学校类型等差别化的实际。高职院校教育教学，它的本质是一种整体性的有机"活动场域"，教学方法就是维系这种活动场域的或隐性或显性的"脉络"，即在教师的教授活动领域与学生的学习活动领域的交叉重叠部分发生的信息传达、消化、反馈的思维、路径、手段以及氛围环境等。在这个交叉重叠区域之外的教授方法、学习方法或者管理方法，他们虽然对教学活动、人才培养有重要影响，但不是严格意义上的教学方法。

在高职院校教育教学活动场域中，关于方法问题还不只教学方法一端，还有管理与教师活动交集场域的方法问题、管理与学生活动交集的方法问题。但教师和学生活动交集又与管理活动有一小块交集，问题的核心就在于此：教学方法的掌控权限。假如教师、学生、管理者在整个教学活动中的作用是均衡的，而且教学方法的选择与使用也是深度融合的，则三者对教学方法掌控权的共同认可范围大约是各自三分之一的"他控"组合区域，各自的三分之二都是自我控制的。也就是说，在教学方法的控制问题上，管理者、教师和学生都不可用全部的单方面意愿来衡量整体和他方的教学方法，真正可以达到三方共控的，是小于各自三分之一的共同空间。教学方法的自由是"教学自由"的实践根源。

二、高职院校教育教学方法的特点

认识教学方法的特点是认识高职院校教育教学方法的理性提升。仅从明确提出高职院校教育教学方法特点和分类来看，几乎都是循着"探寻模式"和"分析过程"两种思路在进行。薛天祥提出的课堂教学方法、自学与自学指导方法、现场教学方法、科研训练方法的"四分说"，陆兴提出的组织和实施学习认识活动方法、刺激和形成学习认识动机方法、效果检查和自我检查方法的"三分说"。我们通过分析大量教学成果奖获奖材料以及"教学名师"的实践经验发现，对于高职院校教育教学方法特点和分类的认识要首先回归教学活动本身。教学方法必须是在教学活动中充当"脉络"功能的东西，教学活动之外的、教学活动之中但不能充当活动"脉络"的，都不能归于高职院校教育教学方法考察范围。

在整个高职院校教育教学活动中，一切活动都是围绕"提高教学水平和教育质量、实现培养目标"这个中心的，而且任何活动都具有其方法、途径、手段。在专门人才培养过程中，课程是最基本的知识与能力体现单元，也是高职院校教育活动中学科与专业相互转化与结合的最小载体。学科是一个按照学术发展逻辑不断丰富起来的系统化的知识体系，专业是教育活动按照社会对专门人才要求所设计的一个相关学科知识体系群，开展这种学科知识体系群的知识传授和能力训练就是专业教育。可以说，专业是按照社会发展的逻辑变化的。课程是学科知识体系的分化单元，也是高职院校教育实施专业人才培养的最小的完整的知识与能力结构单元。高职院校教育的复杂性就体现在，从课程知识逻辑体系到转化为接受教育的学生所获得知识与能力的微观过程之中，这就是教学活动。因此，研究高职院校教育教学方法必须把课程作为基点，与教学活动关联不大。确定了教学方法的基本范畴，尚需进一步对教学方法的内在特点和结构进行细化。

高职院校教育教学方法特点的研究近来比较沉寂。早前"二性论"（专业指向性、学术研究方法接近性），"五个培养论"（学生的自学能力培养、研究能力培养、实践能力培养、合作精神培养、创新精神培养），"七方式论"等，几乎都是对教学方法的实现功能考察得出的结论，到了"三性论"（学生主体性、探索性、学科专业性），关于高职院校教育教学方法特点的研究才逐步回归到高职院校教育教学方法本身。

循着这种思路，在全面考察高职院校教育教学方法涉及的各个方面之后，我们认为比较集中的、显然区别于其他层次教学方法或者高职院校教育教学活动中其他范畴的特点主要有：

第一是可感性。可感性与抽象性、不可感知相对。教学方法虽然具有工具性，但一味强调甚至放大它的工具性是不利于创新的，所以要把它看作是维系教学活动场域的"脉络"，尽管"脉络"不都是可见的，但必须是活灵活现的。教学活动到了面对面的"方法"程度，感性色彩非常浓厚，不仅要使参与者都能够感知"方法"的存在，而且还要富有效果。可感性是对教学方法的具体化概括，无论是语言、工具、形象、仪态甚至思路、能量等，都能够让人感触、感知、感觉得到。这就可以避免原来那种"方法是对知识进行加工并呈现出来"说法的片面性。可感性越强，可接受程度越高。

第二是内隐性。内隐与外显、直白相对，近似于含蓄。教学方法的最终目的是教育学生，而无论从理论上分析还是从教学实践经验总结，对于不同的人，或者对同一人的不同时段和处境，教化的方法是截然不同的，这就需要教学方法具有内隐性，不全是直白的指点、训斥。同时，一切社会认知都具有内隐性，根据学习心理学的研究，学习者对于社会性信息感知的内隐性要强于对非社会性信息的感知。这好比大厦结构中的钢筋和水泥，内隐性是"钢筋"，外显性是"水泥"，它们共同构成认知建构的基本结构。高职院校教育教学活动，虽然是专业性教育，但更多的是社会认知性学习，因此，内隐性是教学方法的普遍特点。

第三是双重性。双重性就是事务的两种相对独立甚至对立的特性集于一体，很多事务具有双重性，高职院校教育教学活动的双重性尤为突出，在教学方法层面，教师和学生的主体双重性、教师和学生参与教学活动动机的双重性、目标的双重性、价值标准的双重性等都集中在一起，交锋交汇。具体而言，突出表现在教学内容、方式方法、手段，甚至是目标与结果等教育内部体现上。这些关系有的是从属的、有的是背离的、有的是不确定竞争性的，还有的是客观性与主观性并存。总之，忽视高职院校教育教学方法的双重性，教学方法就会走向死胡同。

第四是微观性。微观是个相对概念，社会科学中，通常把从大的、整体方面去研究和把握的科学称作宏观科学，从小的、局部方面去研究和把握的科学称作微观科学。在高职院校教育教学活动体系中，教学方法显然不属于宏观层面的概念或范畴，微观性是教学方法的实际处境，只有认识到这一点，才能准确分析教学方法的各种内在问题。任何提升或夸大教学方法层级的认识、企图都会把教学方法研究引向歧途。

第五是复杂性。复杂性是一门认识论、方法论科学，它是对"还原论"的批判和超越、对"整体论"的追求，或者说是既重视分析也重视综合、既关注局部也关注整体的系统科学的新发展。事物的复杂性是指在环境、条件发生变化时，不同行为模式之间的转换能力及其表现比较弱，某些新增条件似乎消解了一些元素。因此，要用非线性关系去把握局部与整体的变化。认识事物的复杂性，必须把握复杂性事物内在的非线性、不确定性、自组织性和涌现性。高职院校教学活动，完全符合复杂科学的这些特征，因此，教学方法相应地具有复杂性特点。

第六是丰富性。感性活动的基本特点就是无限的丰富性，教学活动尤其是教学方法方式，既是有组织的合理性和合规则的建制活动，更是一种师生互动的感性活动。一名教师教授同样的课程，两次的教学感受以及教学方法可能是完全不同的，学生的学习感受也是如此。教学方法的丰富性实际就是教学方法的感性、复杂性以及双重性等特点的衍生结果。因此，期望用教学模式来"类化"教学方法的研究路径是违背教学方法规律和忽视教学方法特点的。

三、高职院校教育教学方法的分类

我们高职院校教育教学方法的基本特点，对于高职院校教育教学方法分类这种表征性的概括就比较容易。高职院校教育教学方法的分类要从

"种属"和"类别"两个方面分析，即按照种和类两个维度进行分解：

第一个维度是"类"的角度，可以分为教学方法总论；理论课程教学；实践课程教学；学习方法。

第二个维度是具体的方式与途径，即"种"的角度，可以分为：课程教学内容与体系创新；教学方式方法创新；教学手段与技术创新；教学艺术与技巧创新；教学方法模式创新与综合创新；教学效果与质量检验方式创新；教学组织方式方法创新；教学方法创新理念与策略。

建立这样一个二维方法结构表，基本可以反映高职院校教育教学方法的全貌，高职院校教育教学方法的所有特性也能够在其中找到相应的载体。高职院校教育教学方法研究就是要从高职院校教育教学活动的整体系统入手，深刻分析教学方法的特点，认识教学方法的规律，并在教学实践中有效运用教学方法。在进行高职院校教育教学方法研究时，有三个基本着眼点不能忽视。

课程：教学方法研究的逻辑起点。教学方法研究从何入手，不同的路径产生不同的结论，比如以教学工具为基点，就会使教学方法研究偏重于实现教学的手段；以教师主体为基点，就会使教学方法研究向"教师中心"倾斜。教学方法研究的适用基点可以有很多种选择。我们所理解的教学方法应该以教学内容为出发点，因为教学方法所承载的主要功能就是知识的传递、接收、转化与学生修养、思维、能力的训练。没有教学内容，教学方法就无从谈起。但是，教学内容是一个复杂的体系，大到学科专业的系统化知识体系，小到一个基本概念和定律、规律性常数等，针对不同的教学内容可能会出现不同层次的教学方法为逻辑起点。

课程在发展演变中，曾被赋予过多种多样的含义，富有代表性的课程定义有如下几种：学习方案，学程内容，有计划的学习经验等。一般认为，课程就是系统的教学内容，是一系列教学科目的集合。具体而言，课程包括"教学计划""教学大纲"和"教科书"所规定和表述的内容。无论课程的定义表述如何，这里作为教学方法研究逻辑起点的课程特指高职院校教育课程。高职院校教育课程不同于基础教育课程，它具有自己的基本范畴和过程性特点。基本范畴就是高职院校教育课程一个系统性概念，最基本的是为达到某个教育目的而组织的一个单纯性教学内容。推而广之，还有教学科目、学科。过程性特点是高职院校教育课程的显著标志，无论哪个层次的"课程"都是为实现一定的教育目标而组织的教学内容，而且这些教学内容必须进入教学环节，参与教学活动。尽管从哲学、心理学、社会学以及交往论等不同视角对课程的过程性认识会有不同阐述，但"知识体系""教学资源""教育目的载体""组织模式"这几个核心概念是其灵魂所在。从起源讲，课程就是"课业进程"。

教学方法是以某一门具体教学科目为基础的教学交往活动要素，不仅仅在孤立的一次教学组织活动或者在学科专业层面的全程教育活动中。在当前课程创新意义上，可以适当延伸到课程组群的教学活动，比如专业基础课程、专业课程或者理论性课程、实践性课程，还有从表现形态划分的显性课程、隐性课程等。因此，以课程为逻辑起点的教学方法研究，必然是丰富多彩的。

目标：教学方法研究的基本考量。这里的目标不全是高职院校教育人才培养规格目标，而是指具体课程的教学目标，但它又是整个高职院校教育人才培养目标的一个组成部分。这个课程教学目标既是课程体系的目标，同时又是教学活动的实现目标。按照课程论的观点，高职院校教育课程设计具有基础性、实践性和国际性的发展倾向，那么，具体的单门课程目标，既有与其他相关课程目标的分野又有相互的衔接，即使整体人才目标的组成部分也各具自身的独特性。而要达到这个目标，则是教学环节即教学方法所必须回答的教学目标。一般来说，将课程的知识结构体系传达给学生不是难事，但这不一定需要教师的参与，更无须教师设计教学方法。课程目标的重要任务是以知识体系为载体，通过教学活动达到训练学生能力、提高学生认知水平，并在一定程度上转化学生情感的效果。

因此，研究和分析高职院校教育教学方法，必须把实现课程以及教学目标作为考量依据，尽管课程与教学目标也是教学评价的重要依据，但如果在教学活动的方法选择上游离教学目标，那么在没有做到"教考分离"以及学生对教学评价主导地位难以落实的情况下，不能反映某门课程的目标是否实现。这也是长期以来，高职院校教育教学活动中教师教书本、学生学书本、考试考书本，最后学生除学了一堆知识之外，实践能力、创新思维以及情感培育等非常欠缺的原因。

教学方法为实现教学目标服务，在教学方法被"艺术化"的倾向下，尤其要防止"为艺术而艺术"的思潮蔓延，使教学方法创新走上一条"为方法而方法"道路。无论是实施教学组织，还是运用教学方法，或是评价教学方法，都应该把课程及其教学目标放在首位，根据目标实现的程度和效果以及采取某种方法开展　教学的效率来考量教学方法的好坏。在各种类别和层次的教学方法中，以一门课程的教学目标实现和其相应一个教学活动单元组织开展的教学方法就是本研究的基本使用域。

第四节　现代教育理念

一、现代教育理念的内涵

现代教育要适应政治、经济、文化的飞速发展，必须以更加创新与完善的理念引导现代教育的改革。综合起来，现代教育理念大致可以归类为以下几个方面。

（一）以人为本的理念

21 世纪的今天，社会已经由重视科学技术为主发展到以人为本的时代，教育作为培养社会所需要的人才来促进经济社会发展的事业，更应当体现以人为本的时代精神。因此，现代教育强调以人为本，把重视人、理解人、尊重人、爱护人、提升和发展人的精神贯穿于教育教学的全过程、全方位，它更关注人的现实需要和未来发展方面，注重挖掘人的潜能，重视人自身的价值的实现，从而不断提高人的生存和发展能力，促进人自身的发展与完善。

（二）全面发展的理念

促进人的自由全面发展是现代教育的宗旨，因此它更关注人的发展的完整性、全面性，宏观上表现在，它是面向全体公民的国民性教育，注重民族整体的全面发展，以大力提高和发展全民族的思想道德素质和科学文化素质，提高民族的知识创新和技术创新能力，增强包括民族凝聚力在内的综合国力为根本目标；表现在微观上，它以促进每一个学生在德、智、体、美、劳等方面的全面发展与完善，造就全面发展的人才为己任。这就要求人们在教育观念上实现由精英教育向大众教育、由专业性教育向通识性教育的转变，在教育方法上采取德、智、体、美、劳等多项并举、整体育人的教育方略。

（三）素质教育的理念

现代教育更注重教育过程中知识向能力的转化工作及其内化为人们的良好素质，强调知识、能力与素质在人才整体结构中的相互作用、辩证统一与和谐发展。针对传统教育重知识传递、轻实践能力，重考试分数、轻综合素质等弊端，现代教育更加强调学生实践能力的锻造，全面素质的培养和训练，主张能力与素质是比知识更重要、更稳定、更持久的要素，把学生综合素质的培养与提高作为教育教学的中心工作来抓，以帮助学生学会学习和强化素质为基本教育目标，旨在全面开发学生的诸种素质潜能，使知识、能力、素质和谐发展，提高人的整体发展水准。

（四）创造性理念

传统教育向现代教育的重要转型之一，就是实现由知识性教育向创造力教育转变。因为知识经济更加彰显了人的创造性作用，人的创造力潜能成了最具有价值的不竭资源。现代教育认为，教育教学是一个具有高度创造性特点的过程，以启发、点拨、开发、引导、训练学生的创造力才能作为其基本目标。主张以更新颖的教学手段和美好的教学艺术来创造出教育教学环境，从而更好地培养创造性人才。现代教育主张，完整的创造力教育是由创新教育（旨在培养学生的创新精神、创新能力与创新人格）与创业教育（旨在培养学生的创业精神、创业能力与创业人格）二者结合而形成的生态链构成。因此，加强创新教育与创业教育并促进二者的结合与融合，培养创新型、创业型、复合型人才成为现代教育的基本目标。

（五）开放性理念

当今时代是一个开放的时代，科学技术的快速发展，经济的逐步全球化使世界成为一个紧密联系的地球村。以前的教育格局将被打破，取代它的是一种全方位开放的新型教育。这种新型教育包括教育方式的开放性、教育过程的开放性、教育观念的开放性、教育目标的开放性、教育评价的开放性、教育内容的开放性等。

（六）多样化理念

现代社会是一个日益多样化的时代，随着社会结构的高度分化，社会生活的日益复杂和多变以及人们价值取向的多元化，教育也呈现出多样化发展的态势。这首先表现在教育需求多样化，为适应经济社会发展的要求，人才的规格、标准必然要求多样化。其次表现在办学主体多样化、教育目标多样化、管理体制多样化。最后还表现在灵活多样的教育形式、教育手段，衡量教育及人才质量的标准多样化等。这些都为教育教学过程的设计与管理提出了更高的要求与挑战，它要求根据不同层次、不同类型、不同管理体制的教育机构与部门进行柔性设计与管理，它更推崇符合教育教学实践的弹性教学与弹性管理体系，主张为教育事业的发展提供更加宽松的社会政策法规体系与舆论氛围，以促进教育事业的繁荣与发展。

（七）生态和谐理念

自然物的生长需要良好的自然生态环境，人才的健康成长同样也需要宽松和谐的社会生态环境的滋润。现代教育主张把教育活动看作一个有机整体，这个整体不但包括教育活动的老师、课堂、学生、教育、实践、内容与方法诸要素的融洽与和谐统一，也包括教育活动与整个文化氛围和环境设施的和谐统一，把融洽、和谐的精神贯注于教育的每一个有机的要素和环节之中，最终形成统一的教育生态链整体。

（八）系统性理念

随着知识经济的来临以及学习化社会的到来，终身教育成为现实。

教育成为伴随人一生的最重要的活动之一。因而，教育不再仅仅是学校单方面的事情，也不仅仅是个人成长的事情，而是社会进步与发展的大事，是整个国民素质普遍提高的事情，是关乎精神文明建设及两个文明协调发展的全局性、战略性大业，它是一项由诸多要素组成的复杂的社会系统工程，涉及许多行业和部门，所以需要全社会普遍参与、共同努力才能做好。所以，与传统教育不同，转型时期我国正在形成的是一种社会大教育体系，它需要在系统工程的理念指导下进行统一规划、设计和一体化运作，以培养人们的学习能力，提升人们的生存和发展能力为目标，以实现社会系统内部各环节、各部门的协调运作、整体联动为基础，把健全教育社会化网络作为构成教育环境的中心工作来抓，促进大教育系统工程的良性运行与有序发展，以满足学习化社会对教育发展的迫切要求。

二、高职院校现代教育理念

我国学界对教育理念问题的关注和研究，始于 21 世纪之初的基础教育新课程改革。新课程从教学目标的确立到教学内容的编排，再到教学方式的设计，都与传统课程有着根本的不同。教师要想适应新课程的教学工作，首先必须转变教育思想和观念。其后，教育理念研究逐渐从基础教育领域进入高职院校教育领域。从已有教育理念的研究成果来看，其概念界定比较有代表性的观点如下：有学者从教学理性认识的角度出发，认为教育理念是从先进的教育理论中演绎出来的有关教学活动的理性认识，是"教学应该怎样、为什么需要如此"的理想化认识，体现了教师对教学实践的价值期待及理想追求。有学者从现实与超越的视角指出，教育理念不仅包括教师对教学问题的现实性认识，也包括教师对教学问题的前瞻性价值判断与结果选择。有学者主张从教学规律的角度解读教育理念，指出教育理念是教师对教学与学习活动内在规律的认识，是教师对教学活动的看法以及所持有的基本态度与观念。有学者从大学教师的维度指出，教育理念是指大学教师头脑中观念性地存在着的，关于学科教学和学生智慧发展等方面理论与信念的综合体，是指导教师教学实践活动的理论基础。有学者从融合与统一的视角指出，教育理念就是教学理念和教学理想的一种融合，是主观和客观的一种融合，是认识和信念的一种融合，是思想和行为的一种融合，是事实判断和价值判断的一种融合。有学者则从教学思维和教学价值观的角度出发，指出教育理念是关于教学的根本看法和思想，是教师对教学问题进行思维所获得的结果。综上所述，学者们对教育理念概念的解读和界定，虽然存在着认识视角和侧重点的不同，但也反映出一些共同特点，即都主张把教育理念理解为教师对教学所做出的主观认识和价值判断，是教师对教学所表现出的态度与信念、期待与追求，是教师对教学所持有的思想与观念。

基于上述分析，我们认为高职院校教育理念是高职院校教师在长期教学理论学习与教学实践反思基础上，创造生成的对教学活动价值，及其本质规律的认识和判断。从本质上来说，教育理念体现出高职院校教师对"教学究竟是什么"以及"教学到底能够做什么"的理性思考，深刻反映了教师对教学的应然状态，以及教学的理想状态的憧憬和向往，因而表现为一种指向教学实践活动未来的精神范式和理性品格。高职院校教育理念不同于教育观念，教育观念或者是以"非系统化"的方式呈现关于教学实践的感性认识，或者是以"意识形态"的方式呈现关于教学实践的理性认识，具有强烈的现实性色彩。高职院校教育理念也不同于教学理想，教学理想是教师对未来教学实践发展趋势的把握、想象和憧憬，它不仅具有鲜明的情感性特点，而且具有极为突出的信念性特征。高职院校教育理念处于教育观念和教学理想的联结点与关键点的位置，较之于教学观念，它往往弱化了现实性而更具信念性；较之于教学理想，它往往弱化信念性而更具现实性。教育理念在高职院校教师的教学实践活动中，发挥着方向性和主导性的价值作用，是更新教师教学行为的先导和灵魂。教育理念渗透和融入高职院校教师的教学过程之中，不仅影响着教师对教学内容的讲解、对教学方法的运用以及对教学进程的调控，而且也影响着高职院校教师的教学态度及其对教学认知、情感和行为的投入程度，因而是高职院校教师教学成功的最深层支撑力量。

第二章　我国高职院校教育教学管理的创新发展

随着社会化进程的不断推进，高职院校教育体制改革的步伐越来越快。良好的高职院校教育管理体制对于全面提高教育水平具有非常重要的作用。因此，我国高职院校教育教学管理成为人们关注的焦点。

第一节　高职院校教育教学管理的变革发展

高职院校教育致力于由应试教育向素质教育转轨，以"以人为本"的指导思想，弘扬了现代人本主义的管理理念。当代高职院校教学管理为适应这一教育改革趋向，也致力于自身理论的大胆探索与实践。针对高职院校教育教学管理的现实问题，我们要着力分析当代高职院校教学管理改革的必要性和改革途径，从而使高职院校教学实践有更好的理论指导。

一、高职院校教育教学管理改革的必要性

高职院校的中心工作是教学工作，教育发展的生命线是教学质量。在高等教育迅速发展的今天，经济、社会等不断变化对于保证和提高教育教

学质量都提出了新的挑战。因此，高职院校教学管理改革就十分必要。

二、高职院校教育教学管理改革的途径

提高教学质量是教学管理的目标。而教学质量是一个综合性指标，其决定性因素有很多，包括师资队伍、教学实验设备条件、现代化教育手段的应用、办学思想、教学管理、专业建设、课程和教材建设等。因此，我国大学教学管理的全方位的改革应从以下几方面着手：明确教学管理的职能本质；合理配置教学资源；注重教师队伍建设，提高教师综合素质；建立科学合理的教学评估体系；加强大学学风建设；将传统教学管理模式与现代教育技术结合起来。

三、当代高职院校教育教学管理的改革

随着教育改革的不断深入与发展，现代教育理念也随之不断变化与更新。而现行教育的新理念有三种：创新的教育、终身的教育和素质的教育。高职院校是素质教育和创新教育理念实践的主体；而终身教育是针对现代的知识性社会性质而言的，无法在学校教育阶段实践。现代教育的新理念适应了现代教育培养复合型人才的要求。但是，因为这种理念实施的不利因素是现代教育的管理模式。所以对于现代教育新理念的实施而言，探寻现代教育管理的适应模式具有重要意义。

（一）针对素质教育的教育管理改革分析

第一，转变思想观念，将素质教育的理念渗入教育管理改革之中。

第二，建立完善的教育管理体制，加大素质教育实施力度。

第三，加大教育投入，提高办学条件。

第四，建立素质教育运行机制。

第五，优化教师素质。

第六，改革考试制度与教育评价体系以适应素质教育的要求。

（二）针对创新教育的教育管理改革分析

实施创新教育是历史的必然。而我国在实践落实创新教育的过程中存在着许多困难也是客观事实。通过教育管理改革推动创新教育的全面实施，主要有以下几种措施：加大宣传力度，树立创新教育意识，走出"高分高能"的认识误区；转变教育观念，树立"以学生发展为本"的教育教学观；优化课程结构，注重课程设置的综合化、多样化；丰富课堂教学，这是实施创新教育的主渠道；改变教学组织形式和方法，鼓励学生创新思维，发展学生的创新个性；实行开放教育，通过各种活动，培养和开发学生的创新能力；改变重知识和智育的单一评价模式，树立弹性、多元的教学评价观。

四、当代高职院校教育教学管理观念的变革

在大学教育管理工作中，"以人为本"既是一种价值观，又是一种方法论。它在指导教育教学管理具有以下几种意义：教育的产生和发展是社会发展和人自身发展的需要，社会和人是教育的主体；推动人类社会的延续和发展是教育工作的最终目的，而这个目的是通过培养社会所需求的人来实现的，从而决定了教育活动的中心是人；只有全面提高人的综合素质，才能培养出社会所需求的人。所以大学教育的职能就是把学生培养成为具有主体精神与创造力的人。

（一）由"以事为本"转变为"以人为本"

当代大学生教学管理贯彻的"以人为本"的思想应以面向基层、教学活动与服务对象为原则。因此任何一项教学管理政策、制度、措施的实施都要以此为前提，以促进教师教学活动的自主性与创造性、学生学习的主动性与积极性，进而便于培养学生的实践能力和创新精神，最大程度地发

挥人的创造性和主动性。所以，以"人"为中心应成为现代大学教育教学管理的观念。采取参与式、民主式的管理方式，切实保障教师参加教学管理工作、参与审议学校的重大管理措施的权利，从而为学校的教学管理提出意见和建议，有利于学校教育教学管理工作的顺利开展，保证教学质量。管理者与被管理者之间存在着双重关系，即工作关系与人际关系。前者强调责任，后者强调感情交流。在学校教学管理过程中，管理者应保持这两种关系的平衡，对被管理者既要考虑人际关系，互相关爱、增进感情；又要注重工作关系，坚持原则、恪尽职守。

（二）坚持"教师主导，学生主体"的教学原则

在"教师主导，学生主体"的教学原则中，以学生为主体强调的是在学习过程中，学生应当作为认识的主体，以学生的思维活动为主体、以学生的认知过程为主体。因此，教学活动的最终成效是以学生学到了什么而不是老师教了什么，及对提高学生素质产生了什么影响为主。这一教育思想的重大转变，实质上也是"以人为本"的思想在教学管理过程中的重要体现。以学生为主体，还要求开发学生自主性、创造性学习的动力；教学的形式由组织传授灌输式教学转变为组织参与式教学；教学活动的评价标准由以教师传授、学生接受知识的效果评价转变为以培养创新精神与实践能力的效果评价；考核的目的由单纯检验学生对于知识的掌握情况转变为检验与培育学生的实践与思维能力、创新意识；大学生毕业的就业与创业教育应更多地体现在促进新的经济增长点、培养学生自主创业的开拓精神上。

五、当代高职院校教育教学管理模式的变革

当代高职院校教育教学管理模式的变革要求严与宽并存，既要严格要求、明确规章制度、不因人而异，又要进行弹性管理，培养创造性人才。所以，教师在教学管理中要处理好严谨与灵活的关系，为学生的个性发展

提供充足的时间和空间，营造宽松良好的环境氛围以便于学生创造性思维的形成与发展。与工业经济时代"标准化"教育的"刚"性管理相比，当代教育是一种建立在鼓励创新型教育基础上的有较高理论水平的"柔"性管理。因此，现行的教学管理模式的变革，尤其要对"刚"性教学管理制度进行改革。

在深化教学改革中，教师需要发挥很大的作用。因此，高职院校管理者必须鼓励教师积极参与教学管理改革，而现行的管理制度阻碍了改革的推进。例如，现在各所大学主要以承担教学任务的工作量来计算、调整教师的工资与奖金，这种制度在教学管理改革中具有抑制作用。教学管理改革要求教师编写新教材、制订新方案、投入大量的时间精力，增加了教师的工作量，但这些在现在的教学工作量标准中却没有体现出来，这就导致了教学管理改革动力不足的问题。因此，出台一些政策，保证或提高教师对教学改革的积极性，是现在教学管理要深入探讨并解决的问题。

当前，各高等学府都开始实施增加选修课、主辅修制、第二学位、学分制等措施，使人才培养模式呈现多样化。但是，存在的矛盾是现有的学时不变，学生没有时间精力选择学习自己感兴趣的课。学分制虽然为学生创造了多方面的学习条件，但是专业课的课程安排紧凑，致使学生没有时间超前修课。现在，虽然国家淡化了专业种类，拓宽了专业口径，但是在具体实施过程中仍然有较强的"专业性"，学科交叉的目标还是可望而不可即。因此，改革现有的教学管理制度与方法是教学管理改革的突破口。

六、当代高职院校教育管理系统的变革

先进教学思想观念得以应用到人才培养模式中主要因为大学教育管理部门的有效组织和协调。例如，大学教学管理部门的重要任务就是制订人才培养计划。其遵循的原则应是符合培养创造性人才的要求、协调各方面

的关系。这对深化教育教学改革有着举足轻重的作用。在改革教学内容的同时，高职院校也不能忽视教学方式的改革。从教学评价上说，传统的教育采取的是传授知识为主的教育模式。这种教育模式是不可能培养学生创新精神的。因为培养实践能力和创新精神的教育需要运用讨论式和启发式的方法，让学生将动手与动脑结合起来。发掘其独立思考、自主学习、发现提出并解决问题的潜力。

所以，大学教育管理部门需要运用现代教育观念诊断教学，激发教师教改积极性，重新制定教师教学的评价标准。另外，大学教学改革的经费应主要用于创新教育。为提高学生创新意识水平和实践能力，高职院校应建设现代教育技术基地服务，传统人才培养模式的重点在于教师教导，而创造性人才培养模式的重点是学生学习。高职院校教学管理应正确对待学生，鼓励学生的个性发展。为学生发展个性、培养兴趣爱好、开发潜能、培养创新精神和创造能力提供条件是大学教学管理的责任。因此，高职院校应建立有利于学生和教师创造性发挥的科学评价体系和评价方法。

第二节　高职院校教育教学管理的创新模式

一、高职院校新型教育教学管理模式

（一）高职院校新型教育教学管理模式的目标

高职院校新型教育教学管理模式的目标就是追求科学发展观，提高教学质量，促进大学生的全面发展。因此，判断一个教学管理模式是否符合高等教育的要求，关键是看它能否代表先进文化的发展前进方向、先进生产力及广大人民群众的根本利益，进一步来说，就是要看它追求的目标。高职院校新型教育教学管理模式追求的目标，从理论上讲，主要有以下几点。

1. 为学生提供自主选择教师、专业课程的机会，增强学生学习的灵活性，提高他们的学习兴趣与学习质量。

2. 对于教师教学水平的评估，从量化上来说，应根据学生自主选修的教师的听课人数对其进行客观评估的标准，从本质上引入教学竞争机制，把教师的课时费与学生听课人数联系起来，以实现大学教学对教师队伍的优化，从而激发教师的教学积极性，优化大学的课程教学。

3. 实行有效的学分制管理。实行学分制管理可以给学生带来更多的选课自由和更大的自主学习的空间，以适应社会、新时代教育市场的需求与发展。

4. 建立良性教学竞争机制，树立良好的学风与教风。高职院校可以实施教师挂牌上岗的举措，从而推出学生心目中的明星教师、教授，激发学生的学习兴趣和教师的教学积极性与创造性，同时也为建成真正的名牌学校创造有利条件。

5. 在教学的管理上，在某些方面实行目标化管理，要用量化的指标考核，尽量避免人为因素的干预，实现公平、公正。但是大学教学活动不是都可以量化的。管理者还应注意采用适当的模糊化的管理与评估。

6. 应按学生与社会需求方式来确立教学方法，应以学生接受传授的知识是否高效，并能较好地应用知识，创新型思路方向正确与否和社会人才的需求作为判定的标准。

（二）新型教育教学管理模式的管理政策

1. 对于大学课程的设置与管理，大学应尽量做到基础课程不分班级，专业课程不分年级的方法来进行。这样可以保证学生具有自由选择课程的条件与机会，赋予了学生自由选择教师与自由听课的权利，为实现真正的学分制奠定基础。

2. 大学实施同课程的同步教学的管理办法，以利于学生对教师进行比较而做出更好的选择，同时为教师发挥个性和教学创造力、面向市场需求进行知识的整合创新、提高传授技能等创造有利条件。

3. 大学教学管理部门进行以课室为目标的管理，实行教学现场管理的办法，通过量化统计，以实现管理目标的数字化。

4. 对于考试制度，大学成立各司其职的考试命题委员会，考试时实行四分开制度。即在统一的考试中，由不同教师负责不同的职责：任课、命题、监考、阅卷，且彼此互不了解，以保证考试公平公正的一种考试管理制度。

5. 关于教师的量化考核与报酬分配。相关管理部门通过上述各课室学生听课总人数对教师实行记分制考核结果进行每学期的统计总结，从而制订和实行课时费浮动制，并按阶梯形式奖罚结合，体现教师不同层次的教学水平，以促进教师适应市场经济规律发展的变化，改变教学方法，提高教学质量，转变教学理念，使教育教学竞争机制合理有效。

6. 实施教师循环竞争上岗制。即每学年对教师进行一次听课人数统计结果的客观评定，并成立教师招聘委员会，拿出排名在后的教师岗位指标，在学校，或社会竞争招聘，以实现循环竞争上岗制，给学生更大的选择教师的空间，给教师更多的竞争上岗的机会，以学生为本，充分发挥教师特长。

7. 对教学内容的安排遵循分两步走的原则。这有利于提高学生对知识的掌握运用能力和创造力。例如，在四年制大学中，学生在头两年先学习基础课程，即入门；在第三年深入学习专业内容和先进技术，即提高；在第四年提高专业知识的运用能力，培养创造力。

8. 学校管理部门应从学生的学习能力和社会对人才的需求出发，调整教学内容和课时量，将教学计划变为指导性计划。例如：对逻辑思维含量少，适合学生自学的课程，应适当减少课时，留给学生充分的自由学习的时间与空间，体现现代大学生学习理念；而对于逻辑思维含量成分多的课程，应该增加课程时间，据市场变化而变。

9. 颁发毕业证书分档分步。分档即将毕业证书根据学生学分由高到低分档。这既对学生公平，又便于社会挑选所需人才，也可以防止成绩差的毕业生走进社会影响学校声誉。分步即在学生学习的最后一年的下半年，全校统一发放准毕业证书，以便让学生找工作，在工作中将理论与实践结合起来，实现真正的毕业实习，培养学生的适应能力和创造力。

10. 大学应注重对学术刊物的管理，要多办刊物，多出期刊，提高学生优秀论文在有关学术刊物或增刊上的发表率，并对学生取得的成果给予一定的鼓励，为调动学生学习的主观能动性和发现优秀人才创造有利条件。

二、多校区高职院校教育教学管理模式

随着我国高等教育的普及，一校多区是当代高职院校发展的一种走向。多校区办学弥补了教育资源的不足，拓宽了教育发展的空间，同时增加了高职院校的竞争优势。但是，多校区也带来了管理上一系列的新问题。所以，研究探索多校区办学的教学管理模式是当前我国有关学术界与教育界一个非常重要的课题。多校区大学指的是有一个独立法人，却有多个在地理位置上不相连的校区的大学。多校区办学改善了办学条件，增加了高职院校的竞争优势，解决了一些问题。但在构建有效的多校区办学管理模式上，世界上却没有既定的统一模式可供套用。各大学只能根据自身实际情况，积极探索适合自身发展的新模式。

（一）国内外多校区高职院校教育教学管理模式

多校区教学是高等教育发展过程中一个现象、一种趋势。

1. 国外高职院校多校区教育教学管理的主要模式

（1）事业部型的管理模式

这种管理模式有四层组织机构：总校、分校、学院、系。总校的董事

会是最高权力机构，负责战略性和重要性的决策，分配全校范围的资源，任命总校长。总校长提名重要的官员，管理全校性的事务，对接董事会。分校长是各分校区的最高领导，处理分校事务，有极大的自主权。事业部型管理模式适用于较大的学校组织，具有联邦分权的特点，由总校实行重大的事件决策，各个分校的日常管理相对独立。这种管理模式既有利于保证战略决策的正确性，又有利于调动各校区的积极性。但是这种模式也有不足的地方。由于各个分校分权而立、自主核算，考虑事情从本校区出发，从而忽略了整体校区的利益，不利于校区间的协调和学科间的融合。

（2）一校多制型的管理模式

在这种管理模式中，董事会为最高决策机构。其下是议事会即智囊团，是由董事会推荐的多名教授和社会知名人士组成。校长为全校最高领导，下有 16 名校级行政官员——分管科研、财务、投资、教学、规划、法律、公共事务、学术方案、大学关系等。一校多制型的管理模式适用于投资模式多元化的学校。管理体制的不同为学校管理提供了便利，使其具有发展的活力。

从教学管理实践来看，多校区大学为社会提供了更好的科研、教学与公共服务。校区扩大增加了接受高等教育的学生数量，使其科研成绩也显著提高。多校区大学办学既满足了时代社会的需要，又促进了大学间的互相竞争、知识和学科的不断分化和综合，所以现在多校区办学迅速发展。当然，多校区办学也有一定的缺陷。各院校之间多多少少存在办学成本高、职能冲突等问题。

2.国内多校区高职院校教育教学管理的基本模式

在我国，由于多校区大学主校区与分校区的教学管理职能不同，所以其管理权限也不同。由此来讲，当前我国多校区教育教学管理的基本模式可以分为三种。

（1）相对集中的模式

总部具有最高决定权，统一管理整个学校，分校区职权在总部之下，总部统一安排分校区的教学组织和管理事务。在这种模式下，学校的发展规划、学科建设、教育资源和教育管理统一由校级领导制定管理；学院作为二级管理机构，管理具体教学和科研的运作。即各个分校在同一套管理机构进行教育教学管理。这种模式具有管理职责分明、管理的集中与分散互补的优势，进而使学校的学术水平显著提高，计划、政策得以有效实施，各校区间的研究和学术资源得以协调分配。但是由于地理区间较大，信息交通不畅，也存在管理困难、配合不协调和效率不高的问题。

（2）相对独立的模式

在总部的统一协调下，各校区是相互独立的，有各自的体系。每个校区都有自己的教学管理体系，总部只是给予大方向的指导。这种模式适用于学科种类多、不利于统一管理的高等学校。多校区的相对独立管理模式增强了高职院校的活力，促进了分校内各学科的交叉融合和教学科研的进一步发展。此种模式可以显著减少各级教学管理的时间和成本，缩短管理环节，加快决策速度。但是，此管理模式由于加大了各校区的教学管理自主权，难免会导致教学管理权力腐化分散，可能会影响整体学科交叉的统一规划和指挥。

（3）混合的模式

它是一种介于相对集中和相对独立之间的模式，它既便于大学的统一管理，又增强了各校区管理工作的活力和主动性。其优点在于有利于全校总体规划，加强了校区的协调管理。需要注意的是，在实际践行此模式的过程中，大学要做到责权明确，反之则会由于责权不明确致使某些管理失控，影响管理、教学质量，甚至是学校的发展。

（二）多校区高职院校教育教学管理模式的不足之处

1.专业建设不能协调发展

专业方向是学校的基础，专业是大学资源的载体。因此专业对大学教学管理极为重要。在单一校区的大学里，专业结构越稳定，教育教学管理的复杂程度越低，越便于管理与协调。而在多校区的大学里，其专业门类齐全，而且有一定的分散性，容易造成各个校区相同专业构成太分散、不融合，不利于教育教学管理。

2. 教学管理权力太过集中

权力的集中与分散在大学教育教学管理中存在着矛盾。我国的传统大学教育教学通常采用的是集权式管理。随着大学教育管理的发展，集权式管理的弊端日益暴露。各大学对分权式管理的需求越来越强烈。在多校区大学办学形势下，面对庞大的规模和集权式的管理更严重阻碍了高职院校的进一步发展。

3. 教育教学管理的成本增加

多校区大学往往由于校区间地理位置的因素，给师生员工在校区之间的教学活动带来了很多不便，如交通不便、费时费力等。空间上的距离增加了校区间的联络成本，增加了学校的支出。

4. 教育教学管理的效率降低

效率降低主要表现在以下两个方面。第一，原本单一校区发展已有一定时间，管理模式相对稳定。增加新校区无形中就打破了原有的稳定，增加了教学管理的复杂度，使教学管理效率降低。第二，在校级管理机构上，分校级管理部门一般坐落在主校区，主校区与分校区空间距离较大，加大教学管理难度。

(三) 多校区高职院校教育教学管理模式的原则

管理者在构建多校区高职院校教育教学管理模式时，既要考虑适合学校的运行机制，又要考虑管理实现的基本功能。具体来说，应遵从以下基本原则。

1. 整体性

多校区大学要求管理者做到思想观念上的真正融合，实现教育资源配置、专业结构调整等方面的协调统一。这样才能提高整体办学效益和促进大学的整体发展。

2. 多样性

在同一所大学里，各个校区都有自己的特点，形成了不同的校文化。各校区应该在相对统一的前提下建设有自己风格特点的管理机制，使其灵活多样、充满活力。

3. 高效性

管理工作的效率对于高职院校教学管理模式的选择很重要。只有管理效率的提高才能带动办学效益的增长。

(四) 多校区高职院校教育教学管理模式的构建

多校区高职院校教育教学管理模式的主要目的是合理有效地利用有限的教学资源，尽可能高质量、高效率地实现教学管理目标。

1. 实现信息化教育教学管理

多校区高职院校教育教学管理模式的运行内容涉及范围较为广泛。负面因素，如教学资源分散、教学的运行可变性大等。要高效率、现教学管理目标，又要减少负面影响，高职院校就要注重信息的普及，信息化管理系统。高职院校应利用计算机网络技术、现代化教学管理系统、图书查阅系统以及会议视频系统等，使教学管理信息得到有效的传递，实现办公自动化、会议视频化、教学远程化，打破传统教学管理的物理界限。

2. 促进学科融合，优化学科结构

学科的布局是教育教学管理的重点和难点。因为各个分校区有自己的发展特色，有不同的优势学科。且各校区学科发展水平有高有低。即便同一学科，其研究的方向重点也不相同。只有实现学科的合理布局，实现学科的协调发展，才能使学科相互融合。优化学科结构需要做到以下三点：教师思想的融合；学科间的互相尊重；加强跨学院的横向联系。

3. 坚持管理层次扁平化原则

多校区大学教学管理人员繁多，易出现推卸责任的现象。因此，教学

管理要坚持管理层次扁平化原则，做到职责明确、实事求是、按岗设职、精简高效，建立责任追究制和目标责任制，使得各校区间互相配合，高效运转。

4.提高教学管理人员的能力

教学管理人员素质的高低对多校区教学管理模式的运行有着重要影响。现今我国高职院校教育教学管理人员的文化素质参差不齐，所以必须根据不同的工作岗位需求，加强管理队伍建设，建设一支结构合理、素质较高、有职业道德的队伍。教育教学管理人员需要努力增长自身的学识和提高管理水平，勇于面对新的挑战，顺利实现高效能运转的管理。

第三章　高职院校领导班子队伍建设

目前，我国多数高职院校是从中等职业学校合并、升格组成，由于发展速度过快、缺少成熟办学经验等现实因素，高职院校的发展也有不少困惑与障碍。高职院校领导班子是高职院校改革发展的组织者、推动者和决策者。高职院校领导班子建设工作只有始终坚持以中国特色社会主义理论体系为指导，紧紧围绕高等教育改革发展的中心任务和教育规划纲要进行贯彻落实，坚持德才兼备、以德为先的用人标准，着力造就高素质的领导班子，才能为推进高职教育事业科学发展提供坚强的组织保障。

高职院校要做到持续稳定发展，必须积极主动适应当前的客观社会环境，同时，要弄清自己的教育教学资源现状，发掘自身办学的优势与劣势，找准自己在高等教育中的合适位置。这迫切要求高职院校的领导班子，不断更新自己的办学理念，增强发展意识和创新意识，提升班子的凝聚力、领导力与执行力，打造办学特色，提升核心竞争力。

第一节 高职院校领导班子队伍建设研究的必要性

一、高职院校适应国际国内形势变化的需要

（一）应对国际风险考验的迫切需求

当前，世界整体格局正在发生巨大的变化，随之国际形势中出现了很多不稳定、不确定的因素。在此背景下，我国高职院校的稳定发展也逐渐受到来自国际风险的挑战。

（二）应对世界多元文化融入的客观需求

伴随经济全球化的逐步推进，世界各国文化正呈现出相互融合的趋势，以文化为载体的意识形态越发复杂多变，从而使得高职院校在办学的过程中不可避免地受到多元文化浪潮的冲击。

（三）应对国内激烈竞争的现实需求

目前，我国的社会主义市场经济体制改革已经进入深水区，产业结构调整将突破瓶颈，迸发出更大的生机与活力，社会对人才水平及人才质量的需求也随之不断提高。在生源日益减少的形势下，产业结构调整冲击日趋激烈的情况下，如何提高高职院校的办学水平和社会地位尤为重要。

二、高职院校适应高等职业教育改革发展的需要

（一）应对高等职业教育快速发展的必然需要

近年来，高等职业教育的规模迅速扩大，但在高职教育实践方面仍缺少系统的高职教育理论指导。这就要求高职院校的领导班子要以加强自身建设，通过强化理论与实践的研究指导办学方向，提升办学水平。

（二）应对高等职业教育深化改革的政策需要

当前，我国高职教育面临的最根本的挑战教育教学经费短缺的巨大压力，因此，唯有改革高职教育的办学体制机制，改革现有高职办学的格局，建立以政府办学为主、社会各界共同参与办学的新体制。

（三）培养社会主义合格建设者和可靠接班人的需要

高职院校是培养社会主义合格建设者和可靠接班人的重要阵地，承载着传承文化、培养人才和服务社会的重要职责，因而，不断提高高职院校领导班子的思想政治素质是坚持社会主义办学体制的坚强保障。

三、高职院校适应自身发展的需要

（一）促进高职院校转型和发展的需要

我国部分高职院校是由中专或职高学校升格而成的，新建高职院校如何实现全面转型与快速发展，是当前高职教育领域具有普遍性的问题。要通过对高职院校领导班子的建设有效解决明确办学指导思想，优化办学条件，提升师资水平，深化内部改革，争取政府支持，从而实现由中职向高职的全面转型与快速发展。

（二）提升高职院校整体办学效益的必然需要

在市场经济体制下，如何全面正确地认识和理解高职办学效益的基本概念及其内涵、外延，已成为准确地分析判断高职院校办学效益的高低、改善和加强宏观与微观管理、加大引导办学方向、合理配置资源、促进高职教育稳定和可持续发展的必要前提。

（三）增强高职院校办学活力的需要

尽管近年来我国高职教育发展迅速，但从根本上讲仍处于发展初期，如何找准办学定位，在教育教学模式、人才质量培养目标以及课程专业设置等诸多方面突出高职教育办学的职业属性和特色，充分发挥独特的人才培养职能，应着力于领导班子队伍建设和体制机制创新，不断提升高职院校办学活力。

第二节　高职院校领导班子队伍建设的途径

一、集体学习机制，提升班子整体功能合力

目前，在各高职院校普遍实行的党委中心组理论学习制度效果显著。主要形式是由学院党委书记担任学习组组长，全体领导班子成员采用"三结合"方式（即集中学习与个人自学相结合、学习理论与调查研究相结合、专家辅导与专题讨论相结合的方式）进行集中学习研讨，能够有效地增强学习的实效性，进而提升领导班子整体功能合力。同时，逐步完善高职院校领导班子的选拔任用和评价考核机制，从领导班子及后备干部的选拔、教育、理论武装和党性修养等方面凸显思想政治建设的首要地位，提升领导班子凝聚力。

二、探索高职院校新的内部管理体制

随着我国高职院校校企合作的深入推进和多元主体参与高职院校治理诉求的不断高涨，探索建设能适合并促进学校发展的理事会正愈发受到各高职院校的重视。积极探索《普通高等学校理事会规程（试行）》规定的五种类型，让理事会成员充分代表主办者、行业、企业、学校师生、校友以及社会大众等各利益相关主体的利益；同时，我国高职院校理事会也应该与以校长为代表的行政人员加强沟通，共商高职院校新型的决策执行体制，逐步探索实现"党委统一领导、理事会民主决策、校长负责、专家治学"

的内部办学管理体制，充分发挥理事会在高职院校内部管理体制中的重要作用。从抓好高职院校领导班子、中层干部、党员、教师、学管和学生干部队伍，提升高职院校领导班子执行力；从树立和弘扬解放思想、求真务实、密切联系群众、艰苦奋斗和批评与自我批评的四大优良作风，实现高职院校领导班子作风形象好。

三、坚持和完善党委领导下的校长负责制

鉴于当前高职院校领导班子建设自身存在的各类问题，在制定大学章程中，明确党委领导和校长负责的有效契合制度，进而通过强化党委领导下的校长负责制来帮助班子成员明确职责，规范制度，逐步提升高职院校领导班子的决策能力和执行力。高职院校党委要认真贯彻"集体领导，民主集中，个别酝酿，会议决定"的决策原则，坚持执行党委议事决策制度、院长办公会等制度，每个成员都在民主集中制的原则下履行好自己的岗位职责，坚持按制度办事。党委书记支持校长和分管领导的工作，充分发挥班子成员的积极性和主动性，以形成领导班子的整体合力。贯彻落实党委领导下的校长负责制、民主集中制、民主生活会制度及谈心谈话等四项制度，实现高职院校领导班子团结协作好；从把握方向和谋划发展、改革创新和攻坚克难、科学管理和协调平衡、维护稳定和建设和谐校园的能力等四个方面提高领导班子领导力，实现高职院校领导班子工作业绩好。

总之，依托职业教育大发展的时代背景，以发展看优劣，凭实绩用干部的正确绩效观为导向，将领导班子建设放在高职教育改革重中之重的地位，从用人标准、选拔方式、监督与考核等各个环节着手，不断加强和完善高职院校领导班子队伍建设。

第四章 高职院校创新创业教育

第一节 高职院校创新创业教育问题

创新创业教育作为素质教育的拓展和延伸，其理念是培养、锻炼受教育者的创业意识、思维、技能等素质和能力，最终使得受教育者成为适应激烈竞争、具备一定创业综合素质和能力的人才。通过创新创业教育，学生的综合素质和能力能够得到全面的提升，能更好地适应国家和社会需求，鉴于此，有人将创新创业教育作为学术教育和职业教育之外的"第三本教育证书"。各级政府高度关注创新创业教育，并寄予高度厚望，陆续出台了各项扶持政策。高等院校特别是本科院校积极响应，进行了有益有效的探索尝试，开展了多种形式的创新创业教育举措和活动，并取得了显著的效果。与本科院校相比，高职院校的优势在于实用性和专业性更强，劣势是学历较低。开展创业教育对于高职院校来说，可以在专业学科的基础上提升学生的综合素质，增强学生的创业能力，让他们达到甚至超过本科学生的竞争实力，所以非常有必要在高职院校开展系统性的创新创业教育。

一、国内外创新创业教育概述

(一)国外创新创业教育模式

国外创新创业教育以 1947 年哈佛商学院的迈赖斯·迈斯(Myles Mace)开设"新创业管理"课程为起点,经过 60 余年的发展,形成了"强化意识"模式(百森商学院)、"注重经验"模式(哈佛大学)和"系统思考"模式(斯坦福大学)等典型模式。

(二)我国创新创业教育模式

我国创新创业教育以 1998 年清华大学大学生创业计划大赛为起点,形成了三种典型模式:一是以模拟商业化运作、建设大学生创业园为基础,以传授创业知识、培养创业技能为中心的教育模式,以北京航天航空大学为代表;二是以传授创新创业知识、提升学生综合素质为基础,以培养学生创新创业意识为中心的教育模式,以中国人民大学为代表;三是以创新教育、实验中心和创新基地为基础,以培养学生动手能力为中心的教育模式,以上海交通大学、清华大学为代表。

(三)我国创新创业教育发展阶段

根据中国人民大学《2016 中国大学生创业报告》,我国高职院校创新创业教育的发展大致可以划分为四个阶段:第一阶段(1998—2002 年)为创新创业教育引入与试点阶段;第二阶段(2002—2008 年)为创新创业教育与职业发展的对接阶段;第三阶段(2008—2012 年)为创新创业教育全面实践阶段;第四阶段(2012 年至今)为创新创业教育深度发展阶段。

二、高职院校推行创新创业教育面临的问题

(一)创新创业教育理念滞后

对创新创业教育内涵的理解存在误区。"创新创业教育是综合培育、提

高受教育者的创业素质、能力"这一理念尚未被真正地贯彻和落实，双创教育相关的很多教师、学生以及家长依然认为创业教育的目的就是自主创业。这种"唯就业目的论"将创业教育几乎等同于就业教育的理念阻碍了创业教育的发展，课程的设置、活动的开展以及选择创业领域时以"兴趣"为先，追逐"热点"等方面，使得创业教育偏离正确的轨道，导致创业的成功率较低。

对高职学生创新创业的认同度不高。提到创业教育，很多人认为应该是针对本科院校学生进行创业培训；不少高职院校学生因高考产生的自卑感，在一定程度上也使他们自身对于创业教育的不自信，降低了参与的积极性。

创业意识的培养力度不足。学生的创业意识不是与生俱来的，需要外界环境的不断影响，从而形成固化的、有规模性的创业意识。学校作为对学生进行创业教育的主体，有责任帮助学生培养正确的、积极的创业意识。但不少高职院校没有明确开设创业教育课程，有的只是通过几节少数的职业生涯规划课等类似课程来给予学生职业引导，在培养学生创业意识方面发展有限，存在着较大的提升空间。

创业教育的普及度不高。不少学校由于资源有限等原因，创业教育辅导活动仅限于少数学生，组织的创业活动只吸引少量学生，对普及创业教育不够重视，缺乏相应的投入，没有形成创业教育全员普及的态势，不利于所有学生创业素质和创业能力的提高。

（二）投入创新创业教育的资源不足

资金投入不足。大多数高职院校尚未认识到创业教育的重要性，资金方面的投入严重不足，不能开展创新创业教学实践活动，进而不能让教育行政管理部门认识到创业教育所带来的经济效益和社会效益，创业教育的投入不足就陷入一个死循环。

教育师资力量薄弱。优秀师资力量是创新创业教育成功的核心要素之一。高职院校双创教师授课内容偏重理论，短期内很难补齐创新创业经验的短板。有的学校从外聘请创业者、企业管理人员担任兼职教师，其有一定创业及管理实践但又缺乏实际的教学经验，难以达到较好的教学效果。

（三）创新创业教育系统性不足

创业教育管理水平不高。大多数学校没有设立创业教育的专门职能部门，课程设置、活动开展和培训等创业教育相关工作分散至多个部门管理，难以实现良好的沟通协调，给学生的系统性学习和实践带来了负面影响。

缺乏完整的创业教育课程体系。一是创新创业教育课程体系不够完善，尚未形成系统课程群，与学科建设存在一定的差距，还处于一种非计划性、非系统性的低层次、低水平教育和管理状态，不符合新形势情况下对创新创业人才的培养要求。二是教学方法单一，实践教学环节过于薄弱。创业教育实践平台利用率不高，劳动实践活动流于形式，创业比赛偏于急功近利性，使得实践教学难以达到理想效果。在创新创业教育中，理论教学是基础，实践教学是应用，只有将理论与实践教学相结合，将所学到的知识活学活用、相互证实、不断积累，才能将理论与经验转化为学生的创新创业意识与能力。但当前投入与利用不足的实践平台、走马观花式的劳动实践、功利性的创业比赛，使得创新创业教育实践教学很难达到理想效果。

三、高职院校开展创新创业教育的思路和措施

（一）营造良好氛围

高职院校应注重培育良好的校园创新创业教育文化及理念，营造创新创业的氛围，激发大学生创业激情。可以利用学校的广播、网络、校报校刊、板报等媒介，传播和树立正确积极的创新创业理念，使"培养创业人才、争当创新人才"的思想深入人心；另外，要支持和鼓励以项目和社团为组织形式的创业教育实践群体，通过讲座、竞赛等多种形式开展创业教

育活动，鼓励学生参加各种社会实践活动和社会公益活动，营造崇尚科学、求实创新、勇于进取、乐于创业的校园文化氛围。

（二）实施系统管理

做好创新教育规划。建立创新创业教育体系是一项关乎学校长远发展的系统工程，工作难度大，时间跨度长，所以要在做好充分调研的基础上，结合学校实际，制订中长期发展规划，明确总体目标和阶段目标，设置专门职能的管理部门，统筹协调各方资源，全程跟踪管理，逐步实施，才能实现预期效果。

加强创新创业专职教师队伍建设。优秀教师是核心，为保证双创教育的有效性，相关专职教师不但要有扎实的理论功底，更需具备一定的实践经验。高职院校除了通过加强培训和引进力度，逐步补齐创新创业教师队伍的实践短板，也要打破制度、组织、资金等方面的桎梏，广泛吸引创业成功者、企业家、风险投资人等成为兼职教师，打造优秀创业教师队伍。

完善创业教育培养体系。学校应围绕创业教育目标，在借鉴国内外高职院校先进教育经验基础上，充分考虑本校的创业教育特点，遵循能够有效激发大学生创新创业的客观规律，探索并逐步形成合理的课程体系，加强理论教学和创业实践的有机融合，让学生汲取创业所需的理念、知识和技能。

课程教学作为大学教育的基本环节，课程设置、课程内容对塑造大学生的知识、能力和素质，特别是创业意识和创业能力方面具有核心作用。

（三）搭建协同创业平台

高职院校、社会与政府是推进创新创业教育的"三大主体"。高职院校要搭建好多方协同的创业平台。一是积极按照创业相关的法律法规和支持政策，为学生创业实践提供咨询和辅导服务，用好用足国家的支持政策，提高学生创业实践的效率和成功率；二是充分利用学校资源，建立创新创业协调沟通平台，广泛联系兄弟院校、企业、银行、科研院所、事业单位等，争取获得社会资金、实践场所、科技专利和专业课程等方面的支持，促进学校创新创业教育水平的不断提升。

第二节　高职院校创新创业教育的转型

2017 年 6 月 25 日，在郑州大学举行的 2017 首届中国高职院校创新创业教育联盟年会上，首次发布了《中国高职院校创新创业教育蓝皮书（2016）》和《中国高职院校创新创业教育学情报告（2016）》，这是在全国 27 个省份 130 所公办高职院校开展创新创业教育的现状及学生学情调研的基础上编制而成的。两份报告显示：在参与调研的 130 所高职院校中，各高职院校在创新创业教育的重视度、学生的参与度、社会的贡献度等方面显著提高，在经费投入、基础设施、政策激励等方面发展迅速。报告同时指出，创新创业教育作为我国高职院校当前改革与发展的一个新领域和一项新使命，还处于发展的初级阶段，基础薄弱，系统结构不完整。不少高职院校创新创业教育的理念功利化、定位模糊化；创新创业教育的目标体系、保障体系、评价体系及体制机制等不完善、不完备，缺乏系统规划、顶层设计；存在与专业教育、实践教育、素质教育脱节等问题。这严重制约了当前高职院校创新创业教育的可持续发展、高质量发展。实施创新创业教育是国家加快创新驱动发展战略、推动经济转型升级的重要举措，也是高职院校在新的时代背景下实现转型发展、内涵发展的切入点和突破口。高职教育是高等教育的重要组成部分，高职院校则是开展创新创业教育的主力军。在当前"大众创业、万众创新"的时代背景下，高职院校如何结合职业教育人才培养的规律与特点以及当前高职院校创新创业教育面临的重难点问题，促进创新创业教育由传统重规模、数量发展与重理论、技能培养的 1.0 阶段向重内涵、质量发展与重素质、精神培育的 2.0 阶段升级转型提质，成为亟待解决的现实问题。

一、从功利到素质转变

开展创新创业教育，首先应明确功能定位和价值取向。"尽管目前社会对创新创业教育的观点不一，但普遍认同联合国教科文组织 1991 年在东京创业创新教育国际会议上对创新创业教育本质和内涵的定义，即创新创业教育是培养具有开创性个性的人，包括首创精神、冒险精神、创业能力、独立工作能力以及技术、社交和管理技能的培养。""世界经济合作与发展组织认为，创新创业能力是大学生掌握除学术性、职业性两本教育护照之外的'第三本'教育护照。"这表明，创新创业知识与能力是大学生职业生涯发展的一种必备素质。但从创新创业的实践过程来看，良好的创新创业心态和品质是每个创新创业实践者步入成熟、走向成功的基础。这就需要锤炼学生的理性、果敢、坚持、诚信、激情等心理品质和职业精神，培育学生具有精神、情怀和格局以及积极向上的使命感和价值观。由此可见，创新创业教育不仅是一种创新创业知识技能教育，更是一种综合素质教育和发展性职业生涯教育，其核心理念和价值指向是促进学生全面而有个性地发展，培育学生创新创业的意识、思维、精神和能力，开发学生的创业潜质，培养具有"创新创业遗传密码"的革命性人才，以适应经济社会发展和经济全球化的挑战。

高职院校应结合职业教育的本质属性、高职教育的功能定位和技术技能型人才的培养规律，将创新创业"基因"植入育人全过程，并不断强化三种理念。

一是突出价值理性胜于工具理性。创新创业教育的基本内涵着眼于学生综合素质的提升和全面可持续发展，这是任何一种教育类型的本质要求和价值取向。高职院校通过双创教育，把创新创业的品质和能力内化为学生的素养，不仅能全面提升学生的素质，也能增强学生的就业竞争力和职业能力，拓宽学生职业生涯发展的渠道。因此，高职要摒弃"就业功利论"和短视行为，准确把握其本质和定位，积极转变教育理念，将创新创业教育作为学校的办学理念和主要任务，培养双创型人才。

二是培养复合型人才胜于就业职工。高职教育职业性和高等性的双重属性决定了高职院校的人才培养目标有其独特的定位，即培养适应市场多变需求、拥有跨界思维方式的创新性技术技能型人才。这就要求高职院校从培养复合型人才的高度对学生的创新创业教育进行价值定位，将培养创新创业型人才所需的理性、科学性、创新性和创造性等素养贯穿于素质教育和人才培养的全过程，使高职人才培养目标由以往单一的"技术技能型"向"复合型、发展型、创业型"转变。

三是培育精神素养胜于知识技能。高度认同创新创业价值、科学研判创新创业形势、有效权衡创业项目价值是学生投身创新创业实践所应必备的基本素质和前提条件。这就需要提升学生分析经济社会发展的能力、捕捉商机的能力以及合作精神协作能力等。所以，培养创新思维、培育创新精神、挖掘创新潜质、进行"种子教育"是创新创业教育的"重心"。

二、从边缘到中心转变

从创新创业与专业课程融合的角度来看，现行的创新创业教育无论是形式还是内容都与专业课程教育脱节，"两张皮"的现象突出。这主要体现在：一是地位边缘化。创新创业教育作为一项全新的教育教学理念和人才培养领域，还没有纳入学校整体的育人体系和人才培养计划，被排斥在学校教学中心工作之外，难以与专业课程教学形成紧密联系，将实施创新创业教育作为改革与发展的战略重点和主要任务的学校更少之更少。二是课程零散化。大多数高职院校创新创业课程设置呈现分割式、模块化，在已有的思想政治理论课、就业指导课等通识课程中加入创新创业课程，与专业课程未能形成有机联系。蓝皮书显示，目前高职院校创新创业教育课程缺乏系统性、辅导教材配套率不高，而针对职业教育类的创新创业特色课程和教材更是少而不全。三是体系碎片化。有的学校设立业余课程或选修课程，将创新创业教育等同于就业辅导等，缺乏顶层设计、系统规划，仅停留在就业指导层面。

而导致当前高职院校创新创业教育地位被边缘化、作用被弱化并与专业教育脱节的主要原因，在于忽视了这一事实：创新创业教育理念要转化为教育实践必须以专业为基础并通过专业课程载体才能真正有效开展。一是专业教育是创新创业教育的基础和起点。大学生未来的职业选择和创业方向在很大程度上取决于自身的知识结构，而要建立科学合理的知识结构，就必须通过系统的专业学习。可以说，将创新创业建立在专业基础上，是学生能否成功创业的重要因素和基础条件。所以，在专业课程教育中融入创新创业理念，并将其建立在专业的基础上，是创新创业教育必须牢牢遵循的主要原则。二是专业教育与创新创业教育有相似之处。从广义上来看，两者的教学目标虽各有侧重，但都从属于整个高等教育活动。教育的整体性、系统性和协同性等规律，要求两者人才培养的终极目标相同、价值取向一致、路径殊途同归。从狭义上来看，创新创业教育的实践性、开放性等特点与高职"工学结合"人才培养模式的本质相通。三是创新创业教育是专业教育的深化与具体化。创业能力需要创新能力和创造能力内核支撑，而创新能力和创造能力是创业能力的具体体现和实践，三者相辅相成、相互促进、相得益彰。

综上分析，创新创业教育只有建立在专业教育的基础上，并与专业课程有效融合，才能提升创新创业教育的全过程。具体来说：一是结合专业特点，按照"意识培养＋知识普及＋体验实践""三位一体"的课程建设整体思路，相应地设置与专业基础知识和专业拓展能力相配套的创新创业教育必修课与选修课，将创新创业所需要的经济学、市场营销、法律法规、企业经营管理等相关基础理论知识编入创新创业通识课程教材，并作为专业必修通用知识。二是根据不同专业，从创新创业理论与专业知识互补性的角度出发，提出选修课课目建议，供学生自由选择；也可根据专业关联性遴选出若干选修内容供学生自由搭配，不断提供出适合不同专业学生、不同学生群体的课程内容与实践案例。三是根据专业发展需要，建立课程体系和教学内容动态调整机制。依据社会动态和产业变化的多方位需求，按照按需增减、随机组合的原则，及时调整并优化创新创业的课程体系和教学内容，与专业、产业发展同频共振，以适应经济转型和产业变化对多元化人才的迫切需求。

三、从单一到综合转变

长期以来，我国高等教育侧重基础知识发现与传递的功能定位、传统理念和惯性思维，深刻影响并制约着高职院校教育理念的变革与人才培养模式创新。从当前高职院校创新创业教育的实施现状来看，重理论、轻实践，重技能、轻素质，实践教学环节仍然是整个创新创业教育链条中的薄弱环节。创新创业教育本质在于实践，价值也在于实践。创新创业的课堂教学和实践训练相辅相成。只有切实做到理论与实践融合发展、指导与服务平衡发展，才能真正实现知识传授和实践应用的有机结合。对于以技术技能为主要创新创业资本的高职生而言，更有特殊要求，更需要突出实践。

高职教育的本质属性和人才培养规律决定了高职院校创新创业型人才培养必须走产教融合、工学结合和校企合作之路。一是模拟教学，实践育人。从创新创业的基本理论和实践流程入手，以项目教学、案例教学、任务驱动、情景教学等虚实结合的方式，引导学生深入开展社会调研、整理专业领域信息数据、分析行业发展趋势、识别创新创业机会、设计商业模式，在实践活动中梳理出体现专业背景、符合市场需求、结合自身发展实际的专业拓展方向和创新创业方向。

二是团队学习，项目育人。坚持市场需求、任务驱动、项目引领，以具体创新创业项目为载体，组建跨单位、跨学科、跨专业的学生实战团队。健全现代师徒机制，组建由企业家、创业成功人士、职业指导师、专业教师等人员组成的多元化导师队伍，对学生创新创业项目进行个性化、全程化实践指导，在全面提升学生实战能力的同时，培育学生的团队协作精神。

三是基地实训，理实一体化育人。按照专业设置与产业需求、课程内容与职业标准、教学过程与生产过程"三对接"思路，深化教育教学改革，健全与现代职业教育理念相适应、符合创新创业教育规律的现实一体化课堂教学组织形式和实践教学方法，构建训、研、创一体化的生产性实训基地。引领学生走进实训室、走入企业、融入行业，将创新创业实践教学与产品研发、技术攻关、服务产业等工作相结合，在实训实践中提升学生技术技能水平、把握行业发展形势要求、夯实学生创新创业发展基础。

四是过程指导，平台育人。结合创新创业实践的运作流程需要，搭建创新创业的组织平台、宣传服务平台、市场运作平台和信息交流平台等，全方位、全过程地引导和帮助学生依托各类专业社会服务平台、职业技能竞赛、职业生涯规划大赛、创新创业项目孵化等平台走出校园、走向社会，实现创业梦想和人生价值。

四、从一元主导到多元参与转变

创新创业教育是一项需要社会多元主体参与、校内多部门协同、跨学科专业融合的系统工程。从外部来看，我国现行职业教育资源主要分属教育行政部门、人力资源和社会保障部门，行政体制条块分割、资源分散、各行其政，难以形成推动创新创业可持续发展的动力。同时，由于政府和高职院校的行政体制封闭，诸多企业出于自身利益考量等因素，投入高职院校的资金有限，加上高职院校自身的不足，难以对社会、企业形成足够的吸引力，因此，高职院校难以引进优质创新创业资源和平台。从内部来看，目前高职院校创新创业教育活动主要由团学工作部门组织管理，而专业课程建设则由教学部门组织实施，没有设置统筹协调机构，大部分学校教学部门游离于创新创业教育之外，尤其是创新创业教师由思政课老师、辅导员和学生管理人员兼任，因此，亟待加强专业化、职业化的师资队伍建设。从创新创业生态系统上看，学校扮演的只是"创新链"角色，主要承担人才培养和技术研发等部分工作，难以为学生提供高质量的行业资源和金融服务，学生创新创业所急需的产业链、资本链缺少资源和平台。所以，当前无论外部还是内部，高职院校推进创新创业教育仍存在体制不顺、机制不畅、资源缺乏等问题。创新创业教育是多部门联动、政府科学引导、社会多元参与的一项系统工程，需要行业、企业等相关利益主体协同推进。如何打破各自为政、封闭割据的局面，有效整合利用校内外资源，搭建政、校、企、行四方协作局面，推进创新创业教育发展的体制机制，是突破高职院校创新创业教育转型升级提质的关键难题。

为此，一是建立外部优势互补机制。各级政府和教育行政主管部门要在发展规划、资源整合、政策制定、制度建设、标准规范、督导监管等方面发挥宏观管理和综合协调作用，引导支持行业企业参与高职院校创新创业教育。一方面，建立由政府人力资源和社会保障部门或教育部门牵头的创新创业统筹决策机构，整合行政资源和教育资源，协调各部门力量，组织实施、监督落实国家创新创业政策。另一方面，推进创新创业教育合作模式和资源共享机制模式。政府应建立激励约束机制，优化政策环境，加强制度供给，调动企业和学校积极融入地方和行业创新、创意和创业"三创"产业和特色产业发展，推动建立政校企行资源共享、平台共用、人才互派服务型与开放型创新创业实训基地和项目孵化基地，引导支持学校充分发挥人才、科研等优势联合企业开展技术难题攻关，新技术研发、新产品制造等，助推地方和行业的创新创业，共同打造互利共赢，"培训、研究、孵化、成果转让"等一体化的实用性创新创业孵化平台。

二是建立内部流程一体化体制机制。要成立创新创业学院并使之成为学校机构设置标配，统筹规划全校创新创业教育，为创新创业教育提供组织保障；设立"创新创业教育指导委员会"，为学校创新创业教育提供决策咨询，为教学改革和学生创新创业项目提供指导；在校内构建集教学、实训、活动、服务等一体化的体制机制，使校内各部门、各主体之间协同联动，共同为学生创新创业活动提供全方位、全过程的优质服务。

三是建立创新创业文化进校园机制。校园文化对于大学生的思想观念、行为方式和价值取向等具有重要的指导作用。高职院校应高度重视创新创业教育文化的培育，具体来而言，要大力宣传弘扬各行业、各领域创业成功人士尤其是创新创业优秀校友典型，让广大高职学子真切感受到创新创业的光明前途；整合专业课程、活动课程、实践活动课程，把创新创业教育、社团活动与专业特色有机地结合起来，推进三类课程的相互渗透以及第一课堂与第二课堂的相互融合，将创新创业教育贯穿于教学、活动的各个环节，为创新创业学生群体进行信息交流和经验分享搭建平台，在学生中营造以创新创业为荣的良好氛围；大力营造宽容创业失败、鼓励创新创造的宽松文化环境和氛围，激发学生创新创业的热情，建立创新创业失败补偿机制，为创新创业者提供必要的帮扶。只有这样，才能筑牢大众创业、万众创新的社会基础。

五、从单一考核到综合评价的转变

考核评价机制是有效实施创新创业教育、保障双创型人才培养质量的关键环节。从当前高职院校开展创新创业教育的实践来看，考核评价环节处于创新创业教育的末端，社会等多方面群体更多地关注学校创新创业教育的实施效果和学生创新创业的实际成果，但对结果的形成机制、过程监控、质量控制、绩效评估等没有引起高度重视，尚未形成多层次、多元化、全方位的科学评价体系。这是影响和制约创新创业教育质量和水平改进的关键因素。要加快建立完备的创新创业教育体系，然而，构建科学合理和操作性强的评价体系尤为重要和紧迫。高职院校创新创业教育关系到政府、社会、学校、企业和学生等多元主体利益，涉及宏观教育评价、教学质量评价、成果绩效评价和过程监控评价等环节，是一项复杂的系统工程。因此，需要构建政府、学校、学生和社会"四位一体"的评价体系，科学合理地确定评价指标要素、设计体系内容。

在学生层面：高职院校创新创业教育的根本目的是培养具有创新创业意识、精神、品质和能力的新型人才，这既是学生综合素质和职业生涯可持续发展的核心动力，也是衡量学生创新创业综合素质的核心指标。所以，在学生创新创业"个体发展水平"评价要素设计方面，高职院校首先要转变传统的以"知识为中心"为"能力为中心"、以"分数论英雄"为"人的全面发展"的新型人才评价观。要结合专业特点，梳理提炼出与本专业相关的创新创业核心素养，将其列入专业人才培养目标内容，并作为专业考核考察的重要内容。

在社会层面：企事业单位等社会组织是用人主体，能够直接、客观地反映毕业生的综合素质和学校创新创业教育的成效。同时，社会评价反馈的信息也是指导高职院校优化创新创业教育改革的重要捷径。因此，应将社会评价作为指标体系的重要组成部分，并将企业认可度和社会认可度作为社会评价的核心内容。在系统设计社会评价指标要素时，不仅要关注毕业生的创新成果、创业率、技术贡献率等量化指标，也要关注学生的责任履行、团队精神、职业道德、服务社会水平等定性指标。只有这样，才能全面客观地反映出高职院校创新创业教育的质量和水平，以及学生创新创业的综合素质和发展能力。

第三节 高职院校创新创业教育的路径选择

在高职院校教育中,应对创新创业教育加强重视程度,同时需要将其作为动态教学流程,通过院校、国家机关、学员以及企业等各参加主体之间互相影响,并对相关教育关系网络进行构建。在高职院校创新创业教育中,需要企业及机构共同参与,同时专才培育的全流程及全元素关系系统,包含社会生活系统、学员的校内生活系统、院校的教学研究的成果、教师讲解及实践实习以及社会服务理念等。目前创新创业教育仍需要不断地完善和发展,本节就高职院校创新创业教育的发展路径进行分析和探讨。

一、校内顶层设计加强

从学校层面出发,应对创新创业教育进行科学合理部署,但部分院校缺乏创新创业教育的系统化顶层设计,还处于一些部门零散状态。因此需要对创新创业教育的重要性提高其认识程度,对先进院校的经验进行借鉴和学习,并对其进行整体规划,对校内顶层设计加强重视,对人才培养目标予以明确,并在此基础上,对具有可行性的培养方案进行制定,对各项具体任务进行细化和落实,对各部门的分工进行合理分配,对校内各部门的资源进行统筹部署,从而使联动效应得以形成。

二、第一课堂主渠道作用充分发挥

在高职院校创新创业教育的主渠道主要为第一课堂,因此需要充分发挥其重要作用。在第一课堂中,需要对创新创业类公共课程加大创设力度,对学生的创新思维加强培养,促进学生加强通识性知识的学习,在专业人才培养的全过程中要始终贯穿创新创业教育；对相应的特色课程进行开发，在相关专业课程中加深创新创业教育的渗透，并对各类专业课程的教育资源进行充分挖掘，使专业教育能够与创新创业教育有效融合；为了更好地顺应时代发展的需要，要对网络课程发展进行有效推进，并对其他院校以及相关优质双创课程进行引入，并对课程资源进行不断地丰富。

与传统的教育模式相比较，创新创业教育需要进行教学方法的改革，需要保持其独特性和创新性，特别是应以学生为主体，对学生解决实际问题的能力加强重视。在实际教学中，通过教学模式和教学手段的创新，对讨论式、问题导向式以及案例式教学方法不断进行应用摸索，对体验式教学方式进行引入，使教学手段更适用于学生群体，从而培养学生的创新思维。另外还需要对相应的考核方式进行改革，使考核模式更加灵活、多样，同时对考核过程更加重视，确保学生的实际能力能够通过考核结果予以真正体现和反馈。

三、第二课堂教学内容丰富

作为对第一课堂的有效补充，在创新创业教育中需要对第二课堂的教学内容加大拓展，从而进一步对创新创业氛围予以打造，使学生创新创业实践能力不断增强。在进行学生创新创业精神培养时，首先需要坚持社会主义核心价值观以及教学体系，对创新创业的校园文化进行全面建设。其次需要对学生实训内容加强重视，通过优质资源的不断引入和整合，使其得以强化和延展，同时对实践平台加强构建，并对实验室、校外实践教育基地等加强建设，使学生创新创业实践的途径和机会有效增加。另外为了不断促进学生的实践运用能力，还应对相应的创新创业大赛积极进行组织，促进学生主动参与学校以及全国的"互联网+"等创新创业活动，从而使校园创新创业氛围更加活跃，同时通过项目孵化、赛事奖励等，提高学生的参与积极性，促进学生创新能力的提高。最后还要充分发挥社团和协会的作用，对创新创业人才进行有效聚集，使学生的创新创业能力得到相互促进和提升。

四、师资力量建设加强

现阶段在高职院校创新创业教育中普遍存在着师资力量不足的现象，作为创新创业教育中的重要环节，由于教师自身能力不足的问题，对创新创业教育质量造成严重影响和制约。目前不少专业课教师都未做到专业教育与创新创业教育的有效融合，并且公共课教师极少涉及创新创业教育，主要来自辅导员以及行政管理部门和岗位，因此在创新创业教育中，对师资力量加强培育至关重要。首先需要充分发挥教师加强相关理论知识的培训，并通过项目参与、企业挂职等方式，使教师的创新创业能力得到有效提升。其次对专业师资力量进行引入，对现有的教师队伍予以充实和丰富，其中高职院校可通过兼职和专职两种方式进行人才引进。最后还需要对相关激励考核机制予以完善，对考核指标进行合理设计，通过职称评定、晋升等方式，使教师自我的提升积极性有效提高。

五、校企合作强化

在高职院校教育中，校企合作、产教融合是其基本的办学模式，也是职业教育质量有效提高的关键，因此在加强创新创业教育中，需要对校企合作的重要性加深认识程度。

首先需要与实训基地加强联系。在现有的基础上，对基地的基础职能进行不断拓展，根据相关专业和岗位的实际需要和特点，在学生掌握基本技能的情况下，有针对性地对其创新创业意识和能力进行培养。

其次应与专门的创新创业教育公司加强合作。目前创新创业行业发展已日趋成熟，通过与专门从事此类教育的公司加强合作，实现培训、创立课程以及参与项目的有效指导，使教师的创新创业教育能力得以有效提升，进一步拓宽学生视野，对其实践能力加强培养。

最后需要充分发挥校友作用。通过与校友企业加强联系和合作，能够为学生提供有效指导。

随着经济建设的快速发展，高职院校需要对创新创业教育予以重视，为了更好地满足社会专业人才需求，需要对创新创业教育的重要性和紧迫性加强认识，将其作为系统化、动态化工程，从顶层设计、第一课堂以及第二课堂入手加强建设和开发，并对师资力量以及校企合作进行强化，通过各环节使各参与主体的良性互动得以形成，使创新创业教育得以高效运转。

第四节　高职院校多元立体的创新创业教育

目前，国内相当一部分高职院校认为创新创业教育只是为了提高学生就业率，就业率好的高职院校并没有对创新创业教育引起足够的重视；还有些高职院校认为创新创业教育就是培养部分优秀的学生参加创新创业技能大赛，忽略了创新创业教育的大众化、普及性原则。鉴于此，全面实施以创业为导向，以"双创＋专业"模式为特色的创新创业基础课程建设显得迫在眉睫。在创新意识和创业精神的培育基础上，高职院校要更加注重创新创业教育与专业教育的高度融合，努力提升学生的职业竞争力。

一、培养学生创新创业能力的新思路

为积极响应"大众创业、万众创新"的号召，顺应新时代发展潮流，

高职院校要将学生创新创业能力的培养与专业教育、人才培养目标及课程体系建设进行融合，通过各类创新创业平台，以创新带动学习，以创业带动就业，形成并不断完善"多元立体互动"的创新创业教育培养模式，培养具有创业意识、创新能力和开拓精神的综合性高素质技术技能人才，从而开拓一种以专业技术保基础、"退可守"，以创新创业求发展、"进可攻"的新局面，践行"拥一技之长，求全面发展"，"入就业之流，开创业之河"的创新人才培养新途径。

高职院校要将创新创业基础课程与专业教学相融合，实施以实际工程为载体的项目化教学，将企业的真实项目、业务和产品以技能实践的形式引入教学，以实践促教学，增强学生解决实际问题的能力。实施"意识—知识—能力"三层次推进方法，健全创新创业课程体系，使学生的创新精神、创业意识和创新创业能力得以进一步增强。

二、多元立体的创新创业教育模式的实施方法与过程

（一）培养过程主体化

在学生创新创业能力的培养过程中，要始终坚持以学生为中心、以学生为主体，教师只处于引导位置的模式。在日常教育过程中，鼓励学生去发现并尝试新领域、新事物，学生根据自己的体验从而产生新的想法，在详细分析自己想法的可行性后，向指导老师提出自己的思路。指导老师只在思路和方法上提出建议，而不在具体实施方式上过多地干扰学生，让学生自己探索方式和方向。

（二）培养渠道多样化

课程教学中凸显创新创业教育。在教学过程中对于创新创业的培育主要集中在"校内教学"，"企业施工实习"和"顶岗实习"三个方面。在教学过程中，鼓励学生开拓新思路、表达新想法，以达到培养学生创新意识、

运用创新理念的目的；在企业实习过程中，引导学生发现现有工作中的缺点和不足，运用自己的知识提出优化方法，以达到将想法付诸实践的目的；在顶岗实习过程中，鼓励学生在现有的工作经历和技术基础上发现新问题、开拓新领域，大胆创新、谨慎创业，以达到用现实结果检验自己创新方法、创业理念的目的。

二课活动中凸显创新创业教育。在日常教学任务以外，教师还要组织学生开展丰富而有意义的二课活动。鼓励学生充分利用周末及业余时间，开展"我的创业观、就业观"，"大学生创业基础与实践"等各类特色的二课活动。组织成立有专业老师指导的学生自我管理、自我服务的学术专业组织，并积极开展各类活动，联合地方创新创业指导中心开展创业培训活动，从而极大地提升学生的创新创业能力。

各类竞赛中凸显创新创业教育。将创新创业教育融入进各类技能竞赛之中，组织相关专业教师研究、确定参赛方案，动员学生积极报名参加，并为每个参赛项目配备相应的专业指导老师、提供专项资金支持。

（三）培养方向多元化

教师不要局限于某一个专业领域，而要努力建立一种多元化的培养体系。坚持发挥学生的特长，尊重学生的爱好，对有创新意识、创新能力的学生重点培养，对新颖的想法和思路组建专门的团队进行实践，并在师资、经费、设备、耗材、场地等方面予以大力支持。通过这一措施，可以在师生中营造浓厚的创新创业氛围。

（四）培养平台立体化

为强化学生的创新创业能力，需要着力打造"社团＋实训室＋企业"的立体化创新创业能力培养平台。成立学生社团，打造学生自我管理的创新创业平台，为学生充分发挥自身特长进行创新创造提供条件。开放校内实训基地，打造教师专项指导的创新创业平台，学生可随时利用现有的实训条件并在老师的指导下开展各种专业技术的创新活动。利用顶岗实习的机会，打造企业实战的创新创业平台，让学生结合企业工作实践，利用所学知识，在老师和师傅的双重指导下解决实际问题，提出更为科学、高效的施工方法和施工工艺，让学生在实践中培养创新能力。

三、以多元化的培养模式，增强学生创新创业素质的开发

高职院校要坚持主体性原则，积极发挥专业教育的作用，大胆改革，充分调动各方的积极因素，逐步形成多元合作的人才培养机制，助推职业教育发展。

一是以学生为主体，通过激励政策充分发挥学生的主体作用和主观能动性。通过各类创新平台，加大对学生创新创业素质的开发和培养。二是充分发挥专业教育的作用。在自己熟知的领域创新创业，真正做到学以致用，提高创业成功率。三是对接行业、企业对人才的需求，提高环境育人的针对性和实效性，让学生的创新理念有的放矢，创业方法切实可行。四是坚持全员参与、同抓共管，增强育人的活力和合力。五是增强培养层次的多元性，有效解决在自主招生与高考招生并存下学生生源质量和知识诉求的差异性问题。通过多元化的培养方式，让学生不仅拥有一技之长，更拥有"一己之长"。

高等职业教育技术技能人才的培养是一个全面、系统的工程，技能培养是核心，创新能力培养是关键。只有从事技术工作的一线人才具有创新意识、掌握创新方法、具备创新能力，形成创新成果，我国才能真正走上"大众创业、万众创新"的康庄大道，助力"中国制造 2035"。

第五节　高职院校创新创业教育人才培养模式

随着时代的不断发展，各大企业对于人才的要求越来越高，如果在教学中仅仅对学生进行专业方面的教育已经不能保证学生能在激烈的竞争中脱颖而出。高职院校是培养人才的摇篮，尽管学校的许多专业比较与时俱进，但还应探索新的教育方式，确保学生的素质不断提升。对学生开展创新创业教育，可以保证学生在掌握本专业知识和技能的同时实现全面发展，创新创业教育的目的是培养具有创新创业素质的人才，重在提高学生的创新创业能力，因此，其人才培养模式与传统教育相比会存在许多不同之处。创新创业教育会充分结合学生的专业和未来职业，使教育更有针对性，确保学生实现个性化发展。

一、高职院校创新创业教育人才培养模式存在的问题

创新创业教育人才培养模式不够与时俱进。尽管越来越多的高职院校对学生进行创新创业教育，但却由于人才培养模式不够与时俱进，从而影响学生素质的提升。一是在创新创业教育中，许多教师比较侧重理论知识的传授，忽视实践教学内容，这样就会导致学生不能做到学以致用。二是在课时安排上，理论课远远多出实践课，创新创业教育不到位，学生缺乏实践训练，其实践能力得不到锻炼，久而久之，学生所学的知识越发与社会需求不相符合，从而影响到学生的未来发展。高职院校更加重视对学生技能的培养，通常会采用选修课或者第二课堂的方式开展创新创业教育，这样难以健全创新创业教育人才培养体系。

创新创业教育得不到充分重视。一部分高职院校的领导并不重视创新

创业教育，认为这一教育工作可有可无，或者在开展时比较走形式，并没有真正考虑到学生的需求，以及这一教育所带来的促进作用。在这种情况下，创新创业教育很难发挥出应有的作用。还有一部分教师不了解创新创业教育的意义，甚至没有将这一工作作为重点对待。在创新创业教育不被重视的情况下，高职院校的人才培养就会缺乏软硬件设施，由于投入力度小，场地有限，学生就无法得到充分的训练，久而久之，学生就无法进一步掌握知识和技能。此外，许多高职院校教师缺乏创新创业能力，由于其自身经验不足，创新创业知识有限，在对学生开展教育时就会存在许多不足，使培养限制在知识的传授之上。

学生缺乏学习目标和兴趣。许多学生虽然会积极参与到创新创业教育活动之中，但却缺乏明确的学习目的，或者仅仅为了满足好奇心，参加几次活动之后，这些学生就不再继续参与，对学习缺乏兴趣，在这种情况下，学生的能力并没有得到真正提升。还有一些学生在接受创新创业教育时，不能全身心投入学习和训练之中，不重视教师布置的任务，在学习中依赖性比较强，缺乏独立自主的学习能力，这样就会影响到学习效果和创新创业教育水平的提升。

二、高职院校创新创业教育开展的原则

随着社会的不断发展，社会、市场对于创新创业人才的需求量越来越大，高职院校需结合市场需求培养学生的创新与创业能力，提高学生的综合素质。开展创新创业教育时，高职院校要围绕人才培养的目标制订针对性创新创业教育计划，充分做到以学生为本，使学生在未来的发展中可灵活运用所学知识，成为合格的人才。高职院校开展创新创业教育时，要遵循一定的原则。第一，将创新创业教育与专业教育相结合。创新创业教育不能脱离专业而存在，只有结合专业课程，才可为创新创业教育提供充足

的沃土，使学生能够打好基础，实现自我创新。学生通过专业教育可以掌握扎实的知识，开展创新创业教育可以确保学生熟练运用所学知识解决问题。第二，教师要将理论教学与实践教学相结合，使学生能够进一步掌握知识，提高自身实践能力。第三，在开展创新创业教育时，要重视校企合作，成立专门的实践基地，使学生能够得到更多的实践训练与实习机会。要做好对实践项目的规划，使学生能够充分参与到项目之中，在锻炼自身能力的同时，还可以拓宽视野，保障创新创业教育落到实处。

三、高职院校创新创业教育人才培养模式改进对策

明确创新创业人才培养目标。高职院校要明确创新创业教育的目的，使人才培养更有针对性。学校要制订专门的人才培养方案，结合学生专业明确创新创业教育目标，选择优秀的教师讲解创新创业课程。要加大校企合作力度，积极建设创新创业基地，鼓励学生积极参与到各种创新创业大赛和活动之中。在教学方案中，需保证对学生能力的培养由表及里，这样才能对学生起到促进作用。要紧密结合市场的发展形势，使人才培养方案得到优化，符合现阶段社会、企业的发展要求。

转变教学方式。开展创新创业教育时，要不断转变教学方式，更新现有的教学内容，使教学观念逐步转变。学校要重视理论教学和实践教学，合理安排课时，确保教学比例合理，使学生能够做到理论结合实践。要改变单一的教学方式，积极应用新型教学模式，使教学资源得到充分利用，比如充分运用创业实践基地和大学生创业园，激发学生的创业热情。

重视创新创业教育。学校领导要高度重视创新创业教育，制定相应的政策，加大资金投入，使教师能够充分投入这一工作之中，提高创新创业软硬件设施水平，使学生能够有充分的训练机会，提高学生对创新创业教育活动参与的积极性与主动性。要加大校企合作力度，积极建设创新创业

基地，学生在实践期间要有专业的教师负责指导。学校还可以定期邀请业内资深人士或专家举行创新创业讲座，解答学生的疑问，使学生明确未来的发展方向。学校要加强教师队伍的建设，合理配备创新创业教育教师，由教师组成的创新创业教育团队可包括专职教师与兼职教师，专职教师通常经验丰富，同时还掌握扎实的创新创业理论知识；兼职教师通过自身经历指导学生的学习和行动，使学生能够对创新创业产生浓厚的兴趣。

使学生重视创新创业教育。要保证学生了解创新创业教育的意义，使学生从思想上重视创新创业，并积极参与到与之相关的活动之中。要保证学生能够拥有创新意识和创新精神，为学生树立榜样，使学生能够感受到创新创业教育的强大力量，提高学生的竞争意识，充分激发学生自身的主观能动性。

综上所述，高职院校要高度重视创新创业教育，确保人才培养落到实处。由于现阶段高职院校创新创业教育还存在一定的问题，对学生能力提升较为不利，需解决这些问题，不断提高学生的综合素质，使学生具备良好的创新创业意识与能力。学校要加大投入力度，将创新创业教育与专业教学相结合，为学生创造更多的实践机会，这样就可以确保学生在未来就业中具有强大的竞争力。

第六节　"互联网＋"与高职院校的创新创业教育

我国经济社会正在经历全面的转型发展，在此背景下，高等教育也正在逐渐向全面性、务实性、实践性方面转型发展。为了满足目前社会最重要的技能型人才需求，需要在教育体系中从两个方面进行人才培养，即扎实的专业知识和丰富的实践经验。高职院校是我国教育体系中的重要环节，肩负着为社会培养技能型人才的重任，因此，相对于其他高等教育体系，高职院校更需要注重培养学生的实践能力。同时，现代创新创业教育的发展，也对学生的实践教学提出了更高的要求。

一、高职院校创新创业教育的发展方向

（一）适应"互联网＋"发展趋势

现代信息技术特别是互联网信息技术的发展，使整个社会体系发生了重大的变革。在开展高职院校创新创业教育工作的过程中，要充分利用信息技术特别是大数据信息技术等，通过整合、利用数据资源，形成科学的教育体系，并对下一步工作发展进行指引。高职院校教师往往容易忽视利用信息技术，特别是没有结合高职院校的实际情况有针对性地进行数据算法、优化和创新创业教育工作总结与创新，导致总体工作按部就班开展而缺乏创新。

（二）提高创新创业实践教学效果

高职院校的教育目的是培养更多实用性人才，这些人才需要有理论与实践相结合的技能才能更好地满足职业需求。笔者倡导和建议在创新创业实践教学中加强学生动手能力，让学生拥有将学校所学理论知识可以运用的场所，并充分发挥出理论的实际价值，以此提高学生的综合性素养。在政策上，更多地向"创新创业"方向倾斜，政策的扶持是促进创新创业教育的重要方针和指导思想，要充分发挥政府的顶层设计作用，应该根据不同地域的不同特点及现状进行深入研究和分析，建立和完善创新创业的相关法规，为高等职业教育提供强有力的保障，企业与高职院校应该协同努力。

（三）完善创新创业教育考核机制

高职院校的教学重点仍然是扎实的理论基础，然后按照理论开展实践课程，然而当前高职院校中缺乏理论与实践结合的综合课程，往往是理论

课程占据所有课程的 70% 以上。过多的理论知识不仅会让学生在精神上有一种疲惫感，还会降低学生的学习兴趣，创新创业教育只有与实际操作相结合才更有吸引力。因此，教师要安排更多的实践机会，并且要根据学生的反馈及时进行调整，建立相应的考核制度，逐步帮助学生加强竞争意识，也可以组织团队进行评比，以此激发学生的工作热情，教师也可以在任务中安排一些创新创业中可能会遇到的问题，让学生团队分工解决，以此获得成就感。

二、"互联网+"视域下高职院校创新创业教育发展原则

（一）高职院校与企业合作原则

创新创业教育是基于传统教育的一种改进与发展，可以让学生更多地接触实践工作，同时也是深度的产教结合方式，理论知识与实践工作没有分割教学，让学生有充分的条件在实践中自己摸索理论知识。因此，在学生考核体系中也不能将两者分割，而是要注重高职院校与企业之间的联合考核，理论知识要与实践经验有机结合，在综合考查体系下引导学生自己进行思考和创新，并且要在考核机制运行中不断完善目标，按照学生的反馈结果不断调整和优化。

（二）加强教师的信息素养

随着时代的发展以及科技的进步，高职院校教师的创新创业教学手段不再局限于传统的"黑板式"教学方式，由于近年来信息网络快速发展，因此教师需要掌握更加丰富的信息。大学生具有很强的模仿能力和学习能力，对新鲜事物学习和接受得很快，此时教师要紧跟时代步伐，及时掌握网络信息，要让学生产生新鲜感和好奇感，以高效、科学、严谨的态度制订创新创业教学计划和教学优化方案，在向学生传递信息的过程中要思路清晰、逻辑缜密，引导学生自主思考，让传递的信息具有探索性和针对性。

由于教师的专业知识储备、业务技能水平等都是影响互联网教育的重要因素，因此要注重有效提高教师的信息化教学能力。创新创业教学内容要避免死板的说教形式，更多地利用多媒体教学手段，加入动画、音乐、图片等元素丰富教学手段。

三、"互联网＋"视域下高职创新创业教育侧重点

（一）改进互联网教学理念与方法

大学创新创业教学的特点决定了对教学的高要求。为此，教师需要从教学理念的学习和方法的改进上着手。大学创新创业教学理论的掌握和学习，能够帮助教师找到教学的重点，在设计教学环节中做到结合目标和要求进行系统性思考，并有意识地将教学内容与实践相结合，发挥教学理论的指导作用。

在信息技术的发展中，教师可以将新技术、新理念纳入自己的知识储备之中，用多元理念搭建教学理论平台，重视信息技术在创新创业教学中的积极作用，同时研究信息技术软件的使用方法，找到提高教学效果的关键，将二者进行紧密结合，在验证和丰富教学理念的同时，满足自身教学的要求，为此，可以借助信息技术实现教学与活动的高效性。

在大学创新创业教学中，重视趣味性是不二法则，只有充分调动学生的积极性，才能够发挥学生在学习中的主体作用，维护教学的意义与价值。信息技术具备多样性、生动性、互动性等多方面的优势，可以在教学过程中将文字、图片、声音、动画相结合，让教学过程更丰富、更有趣。

（二）多角度提高"互联网＋"教学效率

大学创新创业教学的效率体现在学生自我能力的提升上，这种能力不仅包括知识学习的能力，还包括预测、想象、表达、互动、合作等多种能力。因此，在教学中可以围绕教学活动的创新将这些能力集合在一起，做

到一举多得，同时也可减轻学生的学习负担。为此，在教学中可以利用不同类型的 APP，使其成为一个整体，从这一角度进一步提升大学创新创业效率。具体而言，就是在教学中充分利用小组合作、人机对话的形式，让学生进行综合性的尝试，达到创新创业教学的目标。

（三）基于"互联网＋"提升学生的合作能力

"互联网＋"时代更注重合作创新创业。合作意识的培养并非一朝一夕就能完成的，而是需要在潜移默化中逐渐进行，未来的社会发展中人与人之间的合作将会更加密切，而这种合作意识需要从小培养。

尽管自主学习锻炼了学生独立思考的能力，但是会让学生缺少周围信息的反馈。学生今后的学习或者创新创业教育都需要建立在与人沟通和交流上，面对这样的问题，让学生进行分组学习就能得到很好的解决效果。

教师可以根据教材中的不同内容，将班级中的学生划分为若干小组，小组中的学生要均匀分布高、中、低三个成绩档次的学生，要保证每组之间能力差异不太大，并且小组内的同学要有不同的明确分工，让学生之间形成合作关系，在相互配合中完成知识探索。

四、"互联网＋"视域下创新创业教育考核评价体系构建

（一）增加职业素养评价

由于互联网的兴起，高职院校创新创业教育正符合当前市场的需求和前景，这也对学校的教育提出了更高的要求，需要学校培养的人才具有高素质和高技术，不仅需要将知识与技能更好地应用于教育当中，还需要培养学生养成良好的职业观、价值观、人生观、道德观以及健康的人格品质和过硬的心理素质。笔者建议在创新创业的考核评价体系构建中增加职业素养评价，注重学生的综合素养，不再仅以专业知识与实操能力作为评判标准，防止出现过于片面的考查行为，将职业素养也作为重要的打分项。

职业素养评价要包括两个部分，一是学校教师对于学生学习态度的观察；二是学生在实践中的表现。这样做的目的是约束学生的行为，也从侧面端正学生的学习态度和实习态度，加强职业道德。

（二）强化创新创业技能考核

作为在高职创新创业考核时实习阶段的重点与核心，最重要的基本程序就是学生要按照原定的计划按部就班进行，并按照不同的岗位工作制订不同的任务，学生的每项任务和表现都要认真地做好记录。一般情况下，学生的创新创业学习有一个循序渐进的过程，不会在一开始就与其他的正式工作人员达到同一个水平，需要给学生留下一些个人思考与总结的时间，让学生能够记录和归纳自己的实习心得，并对一些问题和重点要领加以记录。由此可以看出，学生的职业技能需要从多角度进行考核，包括学生自身、学校教师、高职院校三个方面，学生自身方面包括自我评价，学校教师方面包括理论运用评价，高职院校方面包括技能熟练评价等。

（三）细化成绩评定标准

现代创新创业考核评价体系是对学生整个实习阶段的综合评价，要将高职院校与企业两个阶段分别看待，但是又要有结合地看待学生对于技能的运用和掌握。高职院校考核评价需要高职院校自身独立进行，而且可以进一步细化成绩评定标准，例如，学生综合能力不仅包括对于知识的掌握，还有与同学之间的协作能力、对于领导安排的任务执行能力等，综合考虑现在创新创业教育发展态势，尽量将学生的表现和行动轨迹详细记录。考核评价可以细化为班主任评价、各科任课教师评价、同学评价等。高职院校考核评价与企业考核评价总分为100分，二者所占比例需要根据实际情况自行界定，建议各为50%。在学生的成绩评定标准上，也可以借鉴欧美国家的事例，不再以具体的分数作为结业证上的记录，细化的成绩评定标准可以划分为4个等级，即优秀（90分以上）、良好（75～89分）、及格（60～74分）、不及格（60分以下），让学生在这样的体系下竞争，可以减少心理层面所带来的压力，让学生能够以更平和的心态参加创新创业工作，也能在更大程度上促进社会工作的公平性。

综上所述，随着经济社会的发展，现代的学生需要有更多的创新创业实践经验为今后的发展奠定基础。本节针对当前高职院校中创新创业教学现状进行了分析，并指出了其中存在的问题，需要面对这些问题进行深入研究，为学生创造更加良好的学习环境，以实践教学为主导，为学生步入社会做好充足的准备。

第五章　高职院校教学管理模式研究

第一节　现代学徒制的高职院校教学管理模式

现代学徒制是校企深度融合、工学结合的人才培养模式，也是对以往职业教育人才培养模式的创新，更是现代高职院校教学管理模式革新的重要内容。为了确保高职院校教学管理质量的提升，学校应将现代学徒制内容运用到教学管理模式中，发挥现代学徒制人才培养模式的优势，增强学生综合素养，进而促进学生全面发展。对此，本节着重分析现代学徒制的内涵与特征，论述现代学徒制的高职院校教学管理模式面临的问题，阐述现代学徒制的高职院校教学管理模式的核心要素，提出现代学徒制的高职院校教学管理模式的实施策略。

现代学徒制是指将现代化学校教育与传统学徒制相融合，以企业为导向，实现生产与教育管理的深度融合的人才培养模式，有助于促进我国高中教育的进一步发展，较为符合我国高职院校发展的新型人才培养模式，对改变高职院校教学管理模式与提高人才培养水平具有促进意义。与传统教学管理模式相比较，现代学徒制在人才培养模式、教学管理模式、学业考核标准、教学场所都发生了改变。在此背景下，如何采取有效的教学管理模式，保障高职院校整体教学管理水平的提升，一直都是广大高职院校教育工作者较为关注的话题。据相关实践证明，校企合作较为符合现代学徒制人才培养模式，因此，高职院校需以现代学徒制为导向，创新教学管理模式，培养学生实践能力与知识运用能力，提升学生个人竞争水平，进而促进高职院校走可持续发展道路。

一、现代学徒制的内涵与特征

（一）现代学徒制内涵

现代学徒制是指学生在接受职业教育中，有目的、有计划、有目标地接受学徒制教育培养模式，也是对传统学徒制的发展与传承。将现代学徒制人才培养模式渗透到高职院校教学管理中，是对传统高职院校教学管理的一种变革与创新，更是将高职院校人文素养与企业职业素养相融合的一种新型人才培养模式，有助于增强学生职业道德素养，使学生在今后就业中能够更好地适应企业发展，进而实现学生自我价值的提升。

（二）现代学徒制特征

现代学徒制主要特征包含以下几方面：首先，现代学徒制人才培养模式，需要校企合作，高职院校与企业双方根据学生发展需要、企业发展需要、学校发展需要，一同制订人才培养方案与课程标准，旨在增强人才综合素养。其次，实现招工与招生一体化教学管理模式，即学生不仅是学校的学生，也是企业的学徒，构建校企联合长期培养模式，这样有助于解决学生今后就业难问题，企业既能减少招聘花费的资金，更能提高高职院校办学质量。最后，校企双方一同育人，企业师傅与学校教师身为学生导师，一同教育学生，提高技术技能型人才培养的针对性，进而促进学生全面发展。因此，高职院校需要与时俱进，开展现代学徒制人才培养模式，促进自身走可持续发展道路。

二、现代学徒制的高职院校教学管理模式面临的问题

（一）参与主体利益诉求的矛盾

现代学徒制的构建是参与主体根据自身利益诉求相互互动的结果，事实上，任何制度的构建都需要平衡参与主体的利益，只有这样才能够促进现代学徒制在高职院校更好地落实。高职院校实施现代学徒制，需要平衡企业、政府、家长、企业师傅、高职院校等利益诉求。企业的利益诉求是需要在现代学徒制中，优化人力资源成本，增强自身竞争力。企业获得的利润需要给予政府相应的拨款，以此为企业树立良好的企业形象，在社会发展中获取一定声誉。高职院校的利益诉求是为了全面提升自身办学质量与社会声誉。政府利益诉求是希望高职院校培养优质的人才，进而为社会发展做出贡献。家长诉求是希望增强学生职业能力，使学生获得较好的薪资待遇。企业师傅的利益诉求，是获取较高的薪资报酬，进而增强自身竞争力。因此，高职院校在实现现代学徒制中，需要平衡多方的利益追求，满足他们的需要，才能够促进现代学徒制教学管理模式的构建。然而，在构建现代学徒制中，无法达到企业方面的利益诉求，会导致部分企业参与现代学徒制的积极性不强，进而导致高职院校现代学徒制止于形式。

（二）教学管理制度和现代学徒制不匹配

高职院校开展现代学徒制，学生具有双重身份，企业成为学生学习的主阵地，在学校教育中，教师需要采取灵活多样的教学方法，引领学生，让学生热爱学习，进而促进现代学徒制的实施。然而，高职院校教学管理模式较为刚性，教学进行固定、教学模式单一、教学评价方法落后。高职院校这样的教学管理制度不仅不能够满足现代学徒制开展需要，还不能够满足当代学生发展需要。因此，高职院校开展现代学徒制，需要转变传统教育管理模式，做好工学衔接课程，才能够促进学生全面发展。

三、现代学徒制的高职院校教学管理模式的核心要素

（一）教学组织管理机制

在现代学徒制构建中，高职院校与企业应该共同协商，分配双方各自的重任与权力，校企双方负责人应该在教学实施与组织中承担总重任，根据学生需要、教学需要、企业需要、社会发展需要，完善教学评价标准，明确企业师傅与学校教师各自的考核标准，完善待遇薪酬等工作，进而满足主体的参与诉求。在现代学徒制实施过程中，由企业负责人开展组织管理工作，其工作核心应立足于企业生产与实训教学中，为确保工作顺利开展提供保障，以实现校企合作的深度融合。

（二）教学目标管理机制

经过调研得知，现代学徒制能充分增强学生工作技能，加固企业用人标准，增强学生企业使用能力。因此，高职院校在现代学徒制构建中，应明确教学管理培养目标，从而促进学生全面发展。明确现代学徒制应培养具有扎实理论知识与生产实践素养高的人才为培养目标；注重学生职业素养培养，塑造学生良好人格素养与意志品质，使学生遵守职业道德规范，具有创新创业能力，进而满足企业利益追求；制订适应当代企业特征的岗位训练方案，明确高职院校教学管理目标与技能目标，并且具有较强的可操作性。

（三）教学制度管理机制

基于传统教育管理制度不适应现代学徒制人才培养模式的情况，因此，校区在合作中，应该共同商定教学管理制度，使制度更好地满足现代学徒制的需要。首先，明确企业岗位技能培养目标，构建现代学徒制日常教学管理制度。其次，定期检查教学质量，实现评价制度的多元化。再次，构建学生定岗实习安全生产教育管理制度。最后，构建企业师傅管理与评价方法，并且将一系列管理机制与企业师傅的薪资挂钩，促进现代学徒制在高职院校教学管理模式中实施。

（四）教学过程管理机制

在现代学徒制中，企业在确保正常生产前提下，构建有利于现代学徒制班学习的教学管理条件。合作企业应该在人员组织、生产岗位、生产任务等方面积极配合高职院校教育教学开展，为学生提供实践平台，增强学生实践能力。同时合作企业应与学生签订现代学徒制安全生产协议，促进学生安全生产、安全操作，以确保学生人身安全。根据现代学徒制班教学特性，企业为学生安排生产设备，布置生产任务，加强培养学生职业素养，进而使学生为企业创造价值。此外，企业应选择高技术、高素养的师傅作为学生指导教师，学生也应该严肃认真、态度端正、勤学苦练、精益求精地进行实训，进而才能够收获良好的学习成果。

四、现代学徒制的高职院校教学管理模式的实施策略

（一）创新教学管理理念

高职院校在构建现代学徒制中，应该创新教学管理理念，是其使用现代学徒制开展的需要。在创新教学管理理念中，开展针对性调研工作，具体要从学校当前发展现状、未来发展方向、企业利益诉求目标、学生未来发展需要、当代社会发展形势等方面出发，将调查资源进行整合，立足于学生、立足于企业、立足于学校、立足于社会，构建长期有效的现代学徒制，才能够促进现代学徒制在高职院校中的开展。

在教育管理中，树立以人为本的观念，并将观念渗透到教学管理的方方面面，感染学生。加大现代学徒制的宣传力度，让学生意识到现代学徒制对自身发展的重要性，激发学生参与兴趣，进而使学生在现代学徒制中增强其自身竞争能力。可见，构建现代学徒制长效机制，应该满足各方参与主体利益诉求，才能够促进现代学徒制更好地在校区合作中发展，进而为高职院校、企业、学生带来利益。因此，在创新教学理念中，应该着重

考虑参与主体。

（二）构建课程管理体系

为了更好地推进现代学徒制在高职院校中的开展，需要加强课程改革与教学方法的革新。企业与高职院校一同参与到课程改革与人才培养方案构建中，在双导师的共同努力下完成。它既是教学模式的实施方法，又是课程管理实施的依据。在课程管理中，应该满足现代学徒制人才培养需要，促进课程体系的构建，有助于提升学生岗位适应能力，进而增强学生职业素养。

在教学方法中，教师改变灌输式教学模式，注重理论教学与实践教学的融合，增强学生知识运用能力。在信息技术发展的今天，教育领域进入到教育信息化中，在此背景下，微课、慕课、翻转课堂应运而生，教师在现代学徒制教学管理开展中，应有效地运用互联网教育平台，以实现学生线上线下学习模式。教师整合专业的课程内容，将专业课程内容分成模块化，运用信息技术，将模块化知识制作成微课，发送到互联网平台，在实训课开展之前，教师引领学生学习微课，掌握相关的理论知识与技能，使学生对专业知识提前进行掌握，这样学生才能够在实训课中将理论知识运用到实践中。同时，学生通过微课提前掌握知识，在课堂教学中，教师为学生开展翻转课堂管理模式，以问题为导向，加强学生对掌握的知识进一步记忆与运用，教师可以为学生开展小组讨论活动、情境教学模式、案例分析活动等，引领学生去思考知识，使学生在思考中对知识有所感悟，进而为学生实训奠定基础。

（三）增强教师专业素养

高职院校构建现代学徒制，对教师专业化能力提出更高的需求。高职院校应结合现代学徒制需要，增强教师专业化能力与素养，使教师更好地为学生授课，更好地引领学生，进而促进校企合作的进一步开展。在现代学徒制背景下，要求教师不仅要具备较强的授课能力，还要采取各种教学方法，引领学生对所学的理论知识做到全面的掌握与运用，同时对教师岗位能力提出一定的要求。学校为了增强教师岗位能力，让学生对岗位发展具有全面的了解，应定期委派教师到企业中学习，让教师参与到企业生产中，增强自身岗位能力，促进高职院校师资队伍的组建。同时，教师借助微课、慕课自主学习专业化知识，拓展自身知识面，进而才更好地教育学生。

综上所述，为了确保高职院校教学管理质量的提高，学校应将现代学徒制内容运用到教学管理模式中，发挥现代学徒制人才培养模式的优势，增强学生综合素养，进而促进学生全面发展。相比传统教学管理模式，现代学徒制在人才培养模式、教学管理模式、学业考核标准、教学场所都发生了改变。而高职院校实现现代化学徒制，有助于促进教学管理模式的革新。因此，高职院校应该与时俱进，构建现代化学徒制，从而增强高职院校办学特色。

第二节　以人为本的高职院校教学管理模式

我国的高职院校在教学过程中，还没有找到合适的教学模式。因为高职教学中主要的教育主体为学生，所以，若"以人为本"的发展理念作为教学管理工作的实施因素将发挥重要作用。本节提出了相关措施，希望对我校加强"以人为本"理念的积极形成有一定助益。

随着新时期教学改革的不断深化，在高职院校教学管理中，利用传统的教学方已经无法满足其要求，只有将"以人为本"的管理理念充分贯彻，才能使高职院校健康、稳定地发展。

一、将服务作为主要的人本理念

在传统的教学管理工作中，高职院校的管理工作都是高级领导对其直接解决，在该情况下，一些教师的积极主动性不仅无法得到提升，不能形成一定的意识，而且还会影响学生自身能力的提高。所以，在新时期教学改革中，要将"以人为本"的管理理念作为重点，并促进其管理工作的有效服务。在实施教学期间，教师与学生都要充分发挥自己的主体意识，并在高职教育中实现人性化服务方式，这样不仅能促进教育工作的合理实现，还能满足学生的知识学习目标。

二、人本教育环境的创建

教学环境的实现能激发学生的学习兴趣、吸引学生的学习动力，特别是在"以人为本"的教育管理理念下，需要高职院校为学生与教师创建合适的环境。因为良好的教育环境能够使学生主动参与到学习中去，也能为高职院校的发展提供先进的教育条件，从而保证学生在学习中体会到更多的乐趣。所以，在高职教育管理工作中，为了发挥"以人为本"的教学理念，需要为其营造轻松、民主的环境。

三、创新教学管理模式

增强高职院校教学管理模式的创新性，建立人本管理机制。教学管理模式的创新性能够满足当代的教学需要，因为在传统教育发展趋势上，严格的管理制度给学生的自主学习、全面进步带来了较大的制约条件。所以，为了在整体上提高学生的全面能力，使学生养成自觉学习的习惯，就要在传统的管理机制下进行创新，促进人本管理方法的形成。因此，需促进弹性学分制度的形成，让学生在学习中根据自身的发展情况，制订出适合自己的学习计划。同时，要保证教育制度的多元化发展，以使高职教学方法具有先进性。

四、提高管理队伍素质

扩大高职院校的教学管理队伍，促进整体素质的形成。在"以人为本"的教学管理工作中，都是以人为主的，其中存在的问题是人员的素质问题。所以，提高高职教学管理队伍的素质将发挥其较为重要的作用。首先，要向社会招聘一些有能力的人才参与到高职教学管理中去。其次，提升高职教学管理人员的素质，并加强对管理工作的重视。根据教育管理工作中存在的问题，定期对教育管理队伍进行培训，他们不仅须相互交流、相互沟通，还须在实践中积累更多的经验。基于以上的分析可以发现，在高职院校管理工作中，一定要加强人本管理制度的建立，并促进制度的创新性发展，这样才能提升高职教育的发展速度。

五、监督人本管理制度

在人本管理制度中，鼓励教师参与监督机制的制定。因为人本管理能激发人的参与意识和主动性，并形成一种主体意识。所以，在高职教育中，要将教师与学生作为主体，并赋予他们有效监督的权利，然后对整体的教学管理过程实施评价。同时，在该教学管理过程中，教师需要明确其发展方向，并根据目标、计划等相关的制订参与到实施中去。不仅要改变传统的管理地位，让其主动参与管理，还要促进制度的创新性发展，从而保证学生在制度监督下能符合社会人才的建设标准。

六、完善质量监督机制

加强质量监督机制的完善性，并在积极鼓励期间形成有效的竞争性。在高职院校管理工作中，主要的工作包括多种方面，如校园教学、实验、研究等，这种复杂的内容导致在管理工作中出现一定的混乱现象。所以，在管理工作中，需要建立质量监督机制，并将其作为监督管理的依据，特别是学分制度、教学监督制度以及质量考评机制的建立。同时，还要对学生以及一些管理主体积极调查，并对其教学质量进行监督，从而使学生能够根据教师意见来提高学习质量。教师还需要具备一定的竞争意识，并提升自身的教学水平，特别是教学管理监督机制建立期间，要以相关的激励机制、鼓励机制作为导向，提高教师在激烈竞争中的地位，在获得较高能力的基础上促进其教学管理工作的积极开展。

高职院校在教学与管理工作中，发挥"以人为本"的实施理念能够促进教师与学生的主体地位，并为社会培养出创新性人才。并且，在该教学理念下，学生与教师还能积极参与进去，为高职教育增添更多活力，在社会发展中提高自身的教育地位。

第三节　技能竞赛与高职院校教学管理模式

作为与社会职业接轨程度最高的职业教育体系，教育教学体制急需改革。技能大赛近几年在高职院校的教育管理和教学模式创新中的作用逐渐显现。职业院校可以通过对教学模式的创新，实现"产教融合"的职业发展目标。技能竞赛在高职院校教学管理模式创新中的作用主要体现在这些方面：驱动课程设计改革、推动教师教学的创新与改革、推动实验室教学模式的建设和深化改革、改革人才培养方案。

我国教育体制改革速度加快，高等教育在综合教育、职业教育等多个维度上开始进入新的阶段。社会商业环境的改革与加速、互联网时代的深入、大数据与人工智能等众多领域开始加速发展，对人才的需求方式都开始发生了变化。作为与社会职业接轨程度最高的职业教育体系，教育教学体制的改革显得尤为重要，职业教育也是未来教育适应社会发展的重要阵地。技能大赛作为国家在高职教育体系的重要一环，强调实践性学习、实践性教学，强调与社会环境和职业环境的高度接轨，近几年在高职院校的教育管理和教学模式创新中的作用逐渐显现。在这样的整体背景下，职业院校可以通过对教学模式的创新，实现"产教融合"的职业发展目标。

一、驱动课程设计改革

高职院校的技能竞赛涉及高职院校众多实践应用型专业，一直以来，实践性专业的课程设计存在着一定的问题。一方面是高职院校实践性专业要求跟社会与职业环境的并轨程度更高，因此强调课程设计内容的实效性，但高职院校自身在社会实践的融入方面存在一些滞后的问题，导致部分课程设计依然无法满足社会需求和职业需求；另一方面是高职院校的课程设计在许多高职院校依然存在趋同性严重的状态，与本科和研究性院校的课程设计趋同，与不同职业院校的课程也趋同。而高职院校自身的地域性、实践性、应用性特点并没有在课程的设计过程中体现，一定程度上影响着高职院校教育质量的提升。

高职院校目前面临的重大改革和调整课题在于课程改革。高职院校就课程设计端而言，缺乏创新，缺乏有针对性的解决方案和方式，这一定程度上影响着教育和教学管理的效率和效果。高职院校在课程设计改革方面的重要基础是科学系统的和融合职业环境需求的课程内容，并最终实现学生融入职场的无障碍转变。一直以来，技能竞赛在教育部推动教育改革的过程中，积极引导教学职业化、顶岗锻炼，与校企合作的理念完全符合。通过对技能竞赛的分析可知，整体的竞赛项目是一个强化实践的教学课程模式，并非仅仅是一个职业竞赛而已。

技能竞赛的过程强调参与性、可操作性以及技术实现能力三个重要的维度。因此，技能竞赛在课程改革创新方面具有推动作用。一方面，课程设计过程应该强调综合应用能力的细节设计，将多个知识点融合连接成为应用性知识。在课程设计过程中，强调学生自身的参与度与自我学习能力；另一方面，课程设计过程中不断加入强调职业规划意识的相关内容。技能竞赛对教学课程的改革，将促进学生对于自身学习的内容评估、优劣势分析等维度形成良好的自我认知。

二、推动教师教学的创新与改革

高职院校教学改革的本质在于提升高职院校教师教学质量、改善创新教学模式、提升教学效率。教学质量的提升是高职院校教学过程的完善、学生知识接受程度的提升，因此，教学质量的提升需要用人企业对就业等多个维度进行评估。教师教学模式革新是教师主体在教学方法论方面的创新与改革，教学效率的提升主要体现在教师教学进度、教学管理效率两个方面。

就高职院校目前内在的教师教学管理体制而言，存在着改革创新动力不足、创新效率不高、创新方法不够三个问题。创新动力不足是指内在管理和教学团队缺乏外部推动压力，没有足够支撑创新的动力来源。创新效率不高主要是在于高职院校庞大的专业教学体系，创新难度决定相应的创新效率。因此，高职院校的教师教学改革需要有好的外部动力来源，而技能竞赛的形式和过程，兼顾高职院校教师教学改革上的需求。

高职院校教学改革与创新在于三个主体改革面：管理团队的改革、教学内容的改革、教学团队的改革。三个主体缺一不可，而在整体教学执行过程中，最为关键的是教师团队。在技能竞赛的举办中，组织相关比赛、学生相关参赛指导、大赛相关内容传递都是高职院校教师深度参与的环节和过程。通过教师的深度参与和学习，在一定意义上能促进教师认知和思考日常教学中存在的问题和难点，并以技能竞赛的相关原则和思想为指导，调整教育教学方案。另外，技能竞赛也是教师与高水平技能型人才、企业中高层技能管理团队交流和分享的一个良好平台，教师可以在交流学习中，挖掘到符合企业需求的教学内容和教学改革方向。这样的相互融合方式，把教师参与竞赛的过程变成了教学的另外一个环境，且未脱离教学本身。教师的参与过程也是提升教师自身的教学实践能力、提取企业技能需求信息、突破技能教学等的过程。教师能力的提升，从基础面角度而言，在高职院校教学模式创新的过程中，将会使执行效率更高，改革执行落地更强。

三、推动实验室教学模式的建设和深化改革

高职院校教学的核心关键词之一是仿真性教学，即社会和企业需求在职业院校教学中的模拟仿真锻炼，以此最大化地打破职业教育学生进入生产和职业环境的壁垒。高职院校实验室教学模式与本科及研究型高职院校在实验室功能设置、教学模式等方面存在巨大差异，但现有课程结构和知识内容依然呈现出过于学术化的特点，无法在实践中以实验室的方式完整呈现。但技能竞赛作为实践性的教学内容和载体，能反向推动高职院校在实验室教学模式上的创新，使实验室教学更适合高职院校自身的教育模式。

技能竞赛模式是仿真性教学的一个重要检验阵地。如何让学生具备持续性的自我锻炼和提升能力，实验室专业教学和实战锻炼是解决方式之一，也是教学改革模式中的一个重要方式。实验室实训基地需要在设备、内训模式等维度上给予学生足够的支撑。技能大赛参与过程中的内容、评判标准是实验室教学改革的参考方向。教师与学生通过技能大赛与实验室内训的结合，能够促使学生最大化接触生产实际需求和企业职业环境氛围，降低学生融入企业的难度。技能竞赛还可以使高职院校实验室设置的目标更具备实践性，可以设置单项技能竞赛导向的行业和专业实验室作为练习与课程融合的环境场地。在结果呈现上，技能竞赛可以逐步增强教师教学和

学生学习的目的性。

四、改革人才培养方案

高职院校的教育核心在于培养符合时代需求、生产一线的实用型和技能型人才。高职院校技能大赛的本质是高职院校核心人才理念的回归。高职院校在目前时代迅速变化调整的过程中，越发意识到技能型人才和实践型人才的重要性。因此，高职院校在现阶段已经不断调整教育结构，逐步改革人才培养方案的顶层设计，希望快速达到新时代高职院校的调整要求。

通过高职院校技能大赛赛事的举办，可以引导高职院校在人才培养设计方案上进行创新。一方面，国家在技能竞赛相关指导性文件中引导高职院校人才培养思想，可将其作为人才培养方案制定的相关依据，以此在人才培养方案过程中积极配合对于相关竞赛领域知识内容与素质的强化。技能竞赛所涵盖的各个技术门类和技术领域，往往是国家和地区在应对商业环境和企业生存改革的前提下设计和展开的，因此职业院校可以通过技能竞赛核心培养与锻炼相关人才在领域实操层面的关键能力和岗位能力。在职业院校人才培养方案的设计中，也应该以此为核心进行相关设计。

另一方面，技能竞赛的各个细节维度都对人才培养设计有重要推动作用。技能竞赛过程要求参与团队对于新技术具有一定的洞察能力，对于项目流程、团队协作、中英文能力、职业素养等多个维度都拥有较强的能力。在这样的要求及背景下，人才培养方案需要增加更多非专业性的培养方案，在基础技能学习和培养的前提下，强调在职业环境中的综合性表现。通过技能竞赛的整体推动，高职院校人才培养方案将呈现更为完整化、系统化的情况，未来人才适应专业技能和职业环境的能力将会有较大的提升。

第四节　基于云平台的高职院校教学管理模式

按照信息技术中的"碎片化"思路和现代职业教育管理理念，遵循开放系统的管理理论和优化理论与方法的要求，将教学管理工作细化，科学规范工作流程。基于网络平台实施流程再造管理，可建立集互动交流管理、流程再造管理和数据管理于一体的信息化教学管理模式。它把管理软件设计还给管理者本身，使得人人可设计、事事可管理、处处可优化，创新了高职院校的教学管理方式方法，提高了管理效能。

在高职院校教学管理中，借助网络信息技术，针对某一项具体的教学工作，明确定义，管理角色，规范管理流程，清晰记录工作流程，可长期保存，又可随时呈现或查阅，这就是本节所探讨的基于云平台流程再造教学管理模式。

一、高职院校推行基于云平台教学管理模式的必要性

现代教学管理日趋精细化、规范化的必然要求，教学工作是高等职业院校的中心工作，教学管理的目的是对教师的教与学生的学习及教学运行的保障等行为进行有效规范、落实与实时监控与评测。

流程再造信息化教学管理的最大特点是能进行流程再现。在职业院校教学管理中，借助信息技术加强对教与学过程（流程）的监控，将精细立规、精细执规落到实处，是确保高技能人才培养质量的有效途径。基于云平台流程再造教学管理模式就是加强过程监控与考核，使管理更为公开、公平、公正，使信息更为通畅，使工作时空更为宽阔，使管理效率更高。因此，如何利用日益丰富的课程教学资源、师生可以随时随处互动的云平

台，开展教学过程监控管理、质量管理等，构建规范有序、服务便捷网络管理体系，是服务广大师生、加速适应教育现代化发展的必然要求。

二、高职院校推行基于云平台教学管理模式的理论依据

笔者认为从理论角度分析基于云平台的教学管理模式，有以下几个方面值得关注：

（一）开放系统的管理理论是基于云平台教学管理模式推行的理论基础

从 20 世纪 70 年代以来，出现一种叫社会系统的管理理论，也被称为开放系统的管理理论。这种管理理论强调信息的流通性、管理的科学性，强调外部环境与学校之间的平衡作用，要求运用先进的技术进行教学管理。依据开放系统的管理理论，现代教育管理注重教育管理的信息化和网络化。依此理论能建构云平台的流程再造式教学管理，充分借助信息技术，可实现实时记录、随时再现、即时沟通、操作简便的目标，真正意义上做到开放、公开与公平。在基于云平台的教学管理模式中，按照迈克尔·哈默的八原则要求，具体工作流程的再造是围绕管理目标的实现而设计，且必须结合工作实践的需要进行。如对教师学期教学实施计划的审核：教师根据专业人才培养方案和课程标准制订学期授课计划——教研室主任审核——教学系部主任审核——教务处审批，这是确保各门课程教学按计划实施的基础管理环节，借助网络平台进行云端存放和审阅交互，可做到时反馈、实时记载、随时调用。这种管理流程操作性强、实用可靠，人人可设计，事事可设计、可管理，管理者与被管理者可通过信息网络进行充分反馈交流，彼此促进，以营造一种教学管理生态化的氛围。

（二）优化理论与方法在基于云平台教学管理模式推行中得到了有效运用

从管理学中的"优化理论和方法"到苏联教学论专家巴班斯基提出的"最优化教学理论"，强调的都是"过程"的优化。在高职教育教学评价中，

注重多元评价和过程评价，教学过程的管理与控制十分重要，实现评价监控目标就需要不断优化管理过程和措施。在推行基于云平台的教学管理中，流程再造时必须对原有的管理流程进行认真审视，确定是否有必要再造或再现，在此基础上再优化设计，以实现新的绩效目标。如教学常规运行时教学调度监控与管理，教师因事临时调课的审批流程设计，既要让执行教学管理的基层单位（教研室、系部、教务处等）逐级审批，又要方便管理者和被管理者，通过教师个人实名空间申报、网络管理平台审批，使工作便捷、可记录、可查询，达到优化流程、再现流程和提高工作效率的目标。

（三）现代教育方法论对基于云平台教学管理模式推行提出了必然要求

现代教育方法论强调教育现代化就是实现教学资源的共享性、开放性，营造自主学习环境，构建终身学习体系。而根据建构主义、元认知等教育理论的分析，要创建职业院校学生的自主学习环境，就必须遵循教授、培养（或培训）对象的认知特点。职业院校的教师依据所教授学生的形象感知能力强于逻辑思维能力、行动能力强于理论分析判断能力、使用网络技术能力强于静心阅读书本能力的特点，按照教、学、做（评）一体化原则创建精细化、情境化、立体化的空间课程资源。学生通过云平台可以随时获取各门课程生动、丰富的学习资源，随处可得到教师的指导，还能发挥专长创建自己的学习空间、张扬个性，真正做到学习方式和资源的自主、智能、多元。基于云平台流程再造教学模式的实施正是应对以上教学方式方法的变化，利用师生拥有的云平台记录教与学的过程，即时公布教学执行情况，督促教学行为的更正与优化。如教学管理职能部门建立基于云平台的"教务管理平台"和"教学督导平台"，将各个教学环节的管理要求、执行情况、督导评课、学生到课率等及时发布、记载，教师在云平台实时公布学生分阶段的学习效果，不仅能提升教师自我管理水平，还能激发学生的自主学习潜力。

三、高职院校实施基于云平台流程再造教学管理模式的策略

根据学院教学管理的实际需要推行流程再造教学管理，关键是做到教学管理目标明确、思路清晰，找准要解决的问题及可利用的信息平台的特点。笔者在实践探索中发现，高职院校实施流程再造管理模式可沿用以下思路。

（一）管理工作细分是基于云平台流程再造管理实施的基础

在计算机信息技术中，程序设计可大可小，如果要把问题简化，势必会将大程序要实现的目标进行碎片化处理。既然如此，在借助基础性的云平台，将某些教学管理工作的单项任务细分（碎片化处理）后，再进行流程再造管理设计与应用。如评测教师教学质量是高职院校的一项教学质量管理工作，评测内容包括各项教学资料准备、课堂教学、指导和作业批改、学生与同行评价等，对这些具体工作进行流程再造设计，可使评价工作变得简单实用。各岗位人员都可以根据自己管理工作的实际需要，优化工作流程，提高工作效率。特别要注意的是，流程再造管理是系统设计，要分项实施，具体流程设计过程绝不能贪大求全。

（二）管理工作定位是基于云平台流程再造管理推行的关键

在高职院校教学业务管理中，针对某一个教学管理环节，管理者、管理目标、管理内容、管理对象（教学活动执行者）都有一个明确定位。质量监控在对原有管理流程剖析和流程再优化时，必须明确定义管理角色（定位），即明确该教学业务进行过程中各岗位人员职责及能利用的工具与环境条件的基础。如在对教师教学质量考评中，必须对教师课堂教学活动的准备工作进行合理、有效的监控，明确任课教师按要求书写并在个人空间按统一规定格式上传学期授课计划等必备教学资料。基于空间，教研室主任、系教学主任等对照专业教学标准审阅其计划的质量是否达到要求并签署意见，教务处、督导室等管理部门进行检查、督促和数据收集、分析。在此教学业务流程实施中，管理和被管理对象、信息平台等职责与作用非

常清晰。此时，通过云平台进行流程再造管理才具有可实施性。

（三）特色化工作流程定义是基于云平台流程再造管理推进的核心

流程化管理的特点是工作实施步骤明确、操作准而清晰。基于云平台的教学管理流程再造有两个特点：一是利用云平台实时记录功能，确保流程再现的真实性；二是借助"计算机语言"严谨、规范性的特点，促使流程实施者将规范操作变成习惯。如在教学资料审查的流程中，教研室、系教学主任审核顺序及审核意见表达方式都十分明确，不能随意。科学、合理地设计规范化的工作流程，是推行流程再造管理的核心要点，也是承载学校管理工作特色的根本。因为，高职院校的教学业务和过程管理内容是基本确定的，但在长期的办学实践中，各个学校的管理方式、途径和制度都注入了学院的特色文化。管理流程的设计思路、方法可借鉴共享，但流程模式不能固化，可特色化地进行定义。

在顶岗实习管理平台中，有专业教师对学生指导、笔记与论文的审阅及教学职能部门督察检查内容与流程的设计，凝结了学院多年积累的经验和要求，形成了一种职责分明、规范有序的管理体系。故，基于云平台的流程再造管理能保留和传承学院管理工作特色，是其有别于使用通用型教学管理软件的优势所在。

（四）信息技术应用是基于云平台流程再造管理优化的有效途径

流程再造信息化管理不仅要能清晰地记录工作过程，同时要能收集、分析数据，否则就达不到现代管理要求。网络空间只是一个基础平台，只有按照学校管理流程编写技术插件，收集、分析所需要的管理数据，获取管理所需要信息，将要保存的数据信息本地存储，才能实现流程再造和数据管理一体化。

在高职院校人才培养中，教学业务和过程管理是确保教学目标实现的必要保障。通过信息技术再造教学业务工作流程、再现教学活动过程，实施流程再造信息化教学管理，构建基于云平台的教学管理新模式，不仅实用性强，而且能使管理方式与手段得到不断优化，并能充分承载学校管理的文化特色。因此，基于云平台的流程再造教学管理的探索与实践，实现了过程管理与数据管理的融合，为解决各管理系统间容易形成的信息孤岛问题开辟了新思路，带来了教学管理方式上的变革。当然，要想使这种信息化管理模式更为完善、系统化，还需待进一步深入研究。

第五节　基于工学结合的高职院校教学管理模式

本节旨在针对职业教育的基本属性和人才培养特征，在分析高职院校教学管理现状的基础上，秉持"以人为本"的管理理念，充分体现管理过程的人本化、系统化、柔性化、信息化的特点，构建新形势下基于工学结合的高职院校教学管理模式。

完善教学管理是提高高等职业教育办学质量、加快高职教育科学发展的基础工程。目前，以市场需求为运作平台，以职业为导向，以提高学生就业竞争能力为目的的工学结合育人模式正逐渐成为我国职业教育改革和发展的方向。工学结合是指以学生为主体、以培养学生专业技能为核心、将学习和工作有机结合的一种人才培养模式。作为高职教育人才培养模式改革的重要切入点，工学结合已经成为了当前我国高职教育领域积极倡导和推进的一项重大理念变革。在工学结合中由于"工与学"交替的灵活性，导致传统的教学管理模式已经不再能适应新形势下的需求。因此，彻底打破传统的教学管理模式，重新构建一个基于工学结合需要的教学管理模式是提高高职院校人才培养质量、凸显特色、提升内涵的必然选择和重大课题。

一、工学结合教学管理中的问题解析

目前的高职教育管理体制带有较强的计划指令性，主要原动力来自以各种"评估"为主要内容的教育主管单位。自上而下的要求多，而自下而上的积极性不足，教师和学生的主动性和创造性难以被激发。主动性和创造性如果不能被激活，工学结合人才培养质量就很难保证。主要存在的问题如下：

在教学管理运行中，由于行业、企业的参与，工学交替、半工半读、顶岗实习的实施，必须做到工学过程科学、工学衔接合理，传统的以学校和课堂为中心的过于封闭的教学组织形式，已无法与工学结合在教学过程中表现为职业性、实践性、开放性的上述要求相适应。

教师"双师"素质不高，已经习惯了传统的课堂教学方式，对下企业、进车间指导实训有抵触情绪，因此工学结合在具体落实到各门课程时往往会遇到很多阻力。同时由于下企业指导教师的业绩考核、工作量难以计算等原因，对校内的业绩考核、津贴分配提出了更高的要求。

在教学质量监控上，由于学生分散在不同的企业顶岗实习，实习成绩的考核很难有统一标准。而且当前大多数职业学校工学结合的质量管理停留在末端检验阶段和实际操作层面上的学校单方评价方式上，缺乏过程管理、实时监控和多元主体评价，使工学结合的实效大打折扣。另外，由于学生缺少社会经验，刚开始实习时必然会出现不适应的状况，如纪律观念、质量观念、顾客观念、安全观念等与企业的要求存在较大差距。同时，企业的指导教师由于种种原因也不可能像学校的教师那样毫无保留地指导学生。因此，一些冲突不可避免，一些社会上的不良现象也可能时有产生。

二、构建工学结合教学管理模式的依据

教育与社会生产发展之间存在着密切的相互关系。生产力水平是教育

发展的物质基础，还决定了教育的内容、手段和实施。在我国正走向新型工业化、处于较高生产力发展水平的今天，作为对职业学校培养技能型人才这一社会需求的特定要求，决定了教育必须走与生产劳动相结合的道路。通过建立校企合作、工学结合的管理体制和机制来有效实施与社会经济发展相适应的教学管理体系和教学内容、方法体系。

职业教育工作者必须自觉遵从系统管理理论。事物是相互依存的，都处在特定系统中，同理，任何一所职业学校都存在于一定社区环境之中，在教育与生产劳动相结合、学校与企业合作的过程中，社区特别是合作企业的各种因素都会对职业学校的教育和管理产生不同程度的影响，其中既有积极因素的影响，又有消极因素的影响。教育管理者的作用就是充分利用环境中的积极因素，防止或排除消极因素的影响，力争带来教学管理模式、教学体系的全面变革，并充分体现人本化、柔性化的管理特点，使人才培养质量显著提升，更好地服务地方经济和社会发展。

在管理过程中不会有一种最好的行事方式，而是必须制宜地根据环境状况处理好管理问题，这是权变管理理论带给职业教育办学者的最大启示。明智的职业教育办学者应该充分认识到仅靠学校本身的投入和自我内部的管理是远远不够的，也是不经济和不现实的。在教学管理过程中，应善于充分利用和管理合作企业的各种教育资源（兼职教师、生产性实训设施设备和真实职场工作环境等），建立教育经营的效益理念。同时，充分体现"教、学、做"合一的职业教育本质特征，凸显学生专业技能和综合职业素质的培养。

三、构建工学结合教学管理模式的基本思路

坚持科学发展观和职业教育教学管理的客观规律，剖析构建工学结合教学管理模式的关键要素，在理论上构建以教学质量管理为核心、以实践

教学管理为重点、以建设教学管理责任体系为切入点、能主动适应"校企深度融合、工学有机结合"的人才培养模式创新的教学管理新体系，解决职业教育教学管理中工学结合不紧密和实施难的问题，加强教学管理的内涵建设，全面体现教学管理的开放性、适应性和有效性，形成具有职业教育特点的管理模式。

在思想品德课上，教学和树立正确的价值观是主要目的。教师应该发挥自身的主动性，对学生进行德育教育。所以教学必须紧扣课程内容，而且课堂应该活跃、愉快，让每位学生都积极参与进来，让学生在提高学习兴趣的同时也接受了正确的德育教育。

主动适应"校企深度融合、工学有机结合"人才培养模式的新要求，借鉴全面质量管理思想，完善校企合作育人机制，切实把人本化、系统化、柔性化、信息化的管理理念，贯穿到人才培养的全过程。

在健全教学计划、教学运行、教学基本建设和教学检查与评估等管理制度的基础上，重点建立和完善与各种工学结合方式相适应的学籍管理制度，学年学分制和弹性学制管理制度，校外实训质量标准和管理制度，顶岗实习管理制度，考核鉴定管理制度，实验、实训场馆开放式管理制度，以能力考核为核心、以过程考核为重点的考核评价制度等。

建立和完善与职业教育教学过程中的实践性、开放性、职业性相匹配的教师管理制度，探索适应"专兼并举"战略发展目标的管理办法，形成有利于教师特别是企业兼职教师队伍建设的激励机制。

健全工学结合教学管理模式的管理机制：健全校系两级教学管理机制，建立协调的工作关系。完善面向市场的专业设置调整机制，坚持在"职业、市场、技术"三维框架内，进行科学设置和灵活调整专业。完善根据市场需求适时调整的教学内容动态调整机制，根据技术领域和职业岗位（群）对技能型人才知识、能力、素质水平及结构的变化，按照行业企业标准和国家职业资格认证要求，经过规范的审批程序调整教学内容。建立适应工学结合要求的教学管理机制，不断创新人才培养模式，完善人才培养方案，增强人才培养的针对性和适应性。完善有利于学生自主学习与发展的教学管理机制，设立学生科技创新基金，认真研究和落实学生素质拓展计划，鼓励学生参加专业技能竞赛和科技小发明创作。完善制度化的教学评建机制，坚持"评建结合、重在建设"的原则，定期开展专业、课程、基地等专项教学评估，最终达到以评促建、以评促改的目的。

创新工学结合教学管理模式的方式和手段：坚持过程控制与目标控制相结合、宏观管理与微观指导相协调的原则，强化过程管理和系统管理，完善项目管理和柔性管理，形成适应工学结合要求的、对教学资源配置灵活的柔性化管理方式。依托校园网稳步推进电子教务计划，构建现代教学管理工作平台，促进教学管理的信息化、现代化发展。

夯实工学结合教学管理模式的管理内容：以质量管理为核心，健全包括以专业教学标准和课程标准为主体的教学标准体系、以各个主要教学环节的质量标准为核心的过程管理标准体系、以岗位工作规范为基本内容的工作标准体系在内的质量管理标准体系，完善教学质量监控和评价体系，进一步形成以教学质量建设的持续改进机制。以实验实训实习管理为重点，规范校内实验实训室的开放与管理，健全校外实训和顶岗实习各环节的质量标准，切实提高生产性实训和顶岗实习的比例和质量。以加强教学管理责任体系建设为抓手，切实加强对校系两级管理的组织体系和制度体系建设，落实系部教学工作的自主权，切实提高教学管理和教学制度的执行力，落实教学的中心地位，确保教学使用经费及时足额到位。加快校本教材和立体教材的开发与建设，完善教材的遴选与推荐机制，重点围绕精品课程、实践课程、工学结合课程、网络课程等建设配套教材和课程教学资源库。实施教学创新团队和教学管理创新团队建设计划，以提高教学成果、提升管理内涵。

第六章　新时代传统教学和 MOOC 的混合式教学模式实践

第一节　MOOC 与混合式教学

一、相关概念

（一）传统教学

传统教学指教师通过系统地讲授知识，使学生完成由陌生、了解、掌握到深入理解知识的过程。传统教学的地点发生在教室，通常是教师站在讲台上授课，学生在教室被动地接受知识。传统课堂的教学方式比较单一，通常限于讲授法、讨论法等，但随着信息技术的迅猛发展，多媒体教学法在课堂教学中逐渐普及。

传统教学以教师、教材、课堂为中心，充分体现了教师的主导地位。教师给学生系统地传授知识技能；传统课堂不仅有教师的监督，还有学习同伴的带动；同时，传统教学中面对面的因素有利于师生之间的情感交流，教师通过肢体语言和面部表情和学生进行交流，对学生的情感、态度与价值观的形成有着潜移默化的作用。我国学校教育自兴起沿袭至今，传统教学中的教学环境和教师等隐性资源给学生的成长带来不可估量的作用，培养了学生完善、健全的人格和个性。

传统教学作为我国应试教育背景下的主流教学方式，有着无法取代的地位。但同时也存在一些不足：过度夸大教师的主导地位，在教学过程中忽视了学生的创造性的培养，导致学生过分依赖教师的知识传授；统一步调的传统教学方式使教师难以因材施教，束缚了学生的个性化发展和全面发展；对于概念性知识的形成过程，通过口述和板书难以充分表达，而学生由于缺乏经验对知识的理解不够透彻，大量板书也浪费了很多时间，效率低下。为了改善传统教学的缺陷，可以吸收在线学习的优点，在教学实践中做到扬长避短、互惠互利，才能解决教学中存在的各种问题，有效提高学生的学习效率。

（二）MOOC

MOOC 的全称是大型公开在线课程，是 Massive Open Online Course 的首字母缩写，定义为"大规模的、开放的、针对大众通过网络进行在线学习的课程"。我国华南师范大学焦建利教授最早将"MOOC"翻译为"慕课"，并获得国内教育学界的普遍认可。Massive 体现在 MOOC 的课程资源丰富、参与者人数众多；Open 体现在 MOOC 对学习受众、学习资源的全面公开；Online 意味着 MOOC 的教学过程从教师的授课、师生互动、批改作业，到学生的学习、生生互动、完成作业都是通过互联网完成的。Course 是指 MOOC 包含学习视频、笔记等学习资源以及一系列教学设计，是一门完善的课程。

MOOC 的特征（大型、在线且开放的课程）决定了它的优点。MOOC 作为一种新型的学习资源，具有学习对象广泛、学习资源丰富、申请学分认证需要低廉的费用、学习形式自主化、交互良好、容易使用等优点。MOOC 的缺点是辍学率高、完成率非常低、缺乏教师监督、学生单独学习；而且 MOOC 作为一种在线教学形式，教师和学生缺乏情感交流。

(三) 混合式教学

在国外研究中，"Blended Learning""Hybrid Learning""Flexible Learning"均有混合学习的含义。美国印第安纳大学柯蒂斯·邦克教授在他编著的《混合学习手册》中将"Blended Learning"界定为面对面学习和计算机辅助的在线学习的结合。

我国最早对混合式教学进行研究的学者是何克抗，他把混合式教学定义为结合传统教学和 e-learning 的优势，通过教师监督和引导、学生积极参与的教学方式。李克东认为混合学习是传统学习与在线学习的有机结合，其核心思想是运用不同的媒体进行学习。黎加厚称混合学习为"融合性学习"，指为了完成教学目的，改良和重组全部的教学资源。

综合教育界学者对混合式教学的观点，大概可以将其定义分为以下三类：传统教学方式和网络在线教学方法的混合；在线学习中的教学媒体和工具的混合；教学方法和学习技术的混合。本研究中探讨的混合式教学系指第一种：融合传统教学和在线教学，把 MOOC 作为传统教学的补充。

二、理论基础

(一) 建构主义学习理论

皮亚杰最早提出了建构主义学习理论。建构主义认为，知识是学生在一定的情境下，通过意义建构的方式获得"情境""协作""会话"和"意义建构"，这是建构主义学习理论的四个主要成分。融合传统教学和 MOOC 的混合式教学的生生之间、师生之间的活动设计是围绕建构主义学习理论的四要素展开的。学生由被动接收者转变为主动获取者，教师则由传递者转变为引导者和帮助者。建构主义学习理论倡导"以教师为主导、以学生为主体"的双主教学。

在研究实践中，教师搭建教学资源和教学环境后，学生自发、主动地探索知识，在这个过程中完成了意义的构建。同时，课堂教学中基于师生面对面的教学情境，以教师为主导、学生为主体展开师生互动，充分激发了学生的学习动机，进而促进知识的巩固和迁移，这一系列教学活动也完成了意义建构的过程。MOOC 学习提高了学生的自主学习能力，课堂教学提高了教师的主导能力，既体现了学生的主体作用，又体现了教师的主导地位。

（二）人本主义学习理论

人本主义学习理论重视人的创造性和主观能动性，认为学习可以全面塑造学生的人格。教师除了培养学生的系统认知能力外，更重要的是发展学生的个性和潜能，教会学生如何学习。人本主义倡导在教学过程中，充分突出学生的中心地位，为学生的身心自由发展提供融洽、和谐的课堂气氛，并给予学生最大程度的支持，引导学生潜能的无限发挥。

在融合传统教学和 MOOC 的混合式教学实践中，教师通过组织学生在 MOOC 平台进行自主学习，然后在传统课堂上帮助学生答疑解惑，最后将教学过程的重难点总结反馈给学生这一过程，培养了学生的个性和潜能，教会了他们正确的学习观和生活观，让学生的身心均得到了健康发展。

（三）掌握学习理论

掌握学习理论是由布鲁姆提出的。布鲁姆认为教师应平等对待班级的学生，并给予他们平等的指导、鼓励和关注。学习能力只决定学生内化知识的时间长短，并不会决定他的学习效果。从理论上来说，如果教师给学生足够长的时间以及学习支持，那么绝大部分学生都可以掌握教学内容。同时布鲁姆非常重视评价在掌握学习中的应用，通过采用过程性评价和总结性评价相结合的评价方式来检测学生的最终学习情况。

研究中教师根据教学目标和学习需要将课程划分为多个学习单元，再将学习单元细分为知识点。学生在完成每个阶段的学习后完成 MOOC 平台的作业，课堂上教师根据学生的知识掌握情况进行针对性教学和讲解，帮助学生掌握和内化学习内容。教师给学生提供了同样的教学条件和学习支持，学生可以根据自己的掌握程度在 MOOC 上进行学习，自定学习步调，反复观看视频，直至完全掌握。此外，采用多种评价方式并存的方式检测学习效果，作为学习下一个知识单元和总体成绩的评价依据。

三、融合传统教学和 MOOC 的混合式教学的优势

MOOC 不仅带来了技术革新，更带来了教育革命。若将 MOOC 融合于传统教学中，这种混合式教学对于发挥传统课堂和 MOOC 的优势、共享优质学习资源、提高学校知名度，都具有重要意义。

（一）实现课堂教学和 MOOC 优势互补

传统教学可以便捷地传授知识，同时面对面保障了师生之间情感的顺畅交流。但是传统教学中"以教师为中心"的教学方式不利于学生的个性化发展，而 MOOC 在线学习资源丰富、公开免费、学习自由，特别是教学视频短小精悍，可以根据学生的进度观看，方便学生快速掌握知识。同时 MOOC 缺乏监督机制和面对面交流，而且对学生的自觉性和自控力要求很高，大多数学生难以坚持，导致 MOOC 的完成率极低。

根据传统教学和 MOOC 固有的特点，将二者进行完美融合，发挥 MOOC 和传统教学的最佳效能，融合传统教学和 MOOC 的混合式教学可以利用学校严格的制度和教师的监督机制，来改进 MOOC 低完成率的缺陷，同时，传统课堂中同伴学习和协作交流能有效提高学生的学习效率。传统课堂能在真实情景下让学生感受到校园文化，教师的言传身教也对学生的情感态度与价值观产生一定的引导作用，从而培养学生形成独立的人格。

（二）共享优质资源

随着互联网与通信技术的发展，各种在线学习资源纷纷涌现，从国家精品课程到视频公开课，再到 MOOC，在线学习的平台和资源也在不断改

进与发展。除 Coursera、Udacity 和 edX 三大国外 MOOC 平台以外，还有学堂在线、爱课程中国大学 MOOC 优课联盟、超星慕课、网易云课堂、果壳网、慕课网、好大学在线、淘宝同学平台等。

MOOC 依托于网络平台，把来自世界各地的优秀教学资源在互联网上开放，全世界的学生都可以使用这些资源，这使得优秀课程资源实现共享变成现实。尤其对偏远山区的学生、教育落后地区的学生以及行动不便的学生意义重大，MOOC 给他们提供了教育公平的机会。

（三）提高学校知名度

学校通过在 MOOC 平台发布高质量的课程，或者建立自己的 MOOC 平台，提供给广大师生使用，对于学校形象的树立及其教育水平的彰显非常有帮助。同时还可以提高本校的竞争力，帮助学校宣传招生，从而提升学校的知名度，通过开展融合传统教学和 MOOC 的混合式教学实践，进而推动其他课程的改革。

第二节　融合传统教学和 MOOC 的混合式教学模式构建

一、总体思路

融合传统教学和 MOOC 的混合式教学模式是建立在课堂外的 MOOC 学习和课堂上的传统教学相结合的基础上的一种混合式教学模式。主要从教学资源、教学环境、学习方式、评价方式四个方面进行混合。

（一）教学资源的混合

混合式教学的教学资源来源较广泛，主要有来自传统课堂的教材、课件等资源，和在线教学资源，如自制的 MOOC 课程和其他 MOOC 平台的课程资源等。

混合式教学模式中的教学资源多样化，教师和学生可以根据不同的教学内容选择不同的教学资源。

（二）教学环境的混合

混合式教学中，教学环境是在线学习和课堂面对面教学的混合。

在线虚拟环境和面对面的真实环境的混合，也是课外非正式学习和课内正式学习的混合。学生通过课外的MOOC学习来完成知识的传递，结合课堂教师的引导和帮助完成对知识的建构和内化。在线环境中，可以实现线上自主学习、线上协作学习、线上发帖、线上教师答疑、线上测试等多种教学方式。而在课堂环境中，师生、生生之间可以进行面对面的交流，弥补了在线环境中的情感因素。

（三）学习方式的混合

混合式教学模式中，学习方式包括自主学习和协作学习。

自主学习是最常用的一种学习方式。混合式教学中，自主学习能有效培养学生的独立思考能力，发挥学生的主观能动性。协作学习也是很重要的一种学习方式，一个人的能力有限。"你有一个想法，我有一个想法，双方交流后我们每个人有两个想法"。协作学习对于掌握知识和提高学生之间的交流能力与合作能力起着重要作用。

（四）评价方式的混合

在混合式教学中，评价方式包含了诊断性评价、过程性评价以及总结性评价方式，将形成性评价和终结性评价有机地结合起来。

在进行混合式教学实践之前，对学生进行学习风格、初始能力、一般特征分析，即诊断性评价。根据诊断性评价的结果实施相应的课程设计，因材施教。过程性评价中考虑到学生在学习过程中的显性表现和隐性表现，既考虑到学生的成绩的提高，又考虑了平时的表现，以及学生对课程的感兴趣程度、动手能力等隐性能力的提升。总结性评价是在一个学习阶段结束后进行的评价。

二、混合式教学模式构建

在前期剖析了混合式教学的理论基础上，参考前人关于混合学习的设计思路。美国学者乔希·柏森构建了一个关于混合学习设计的四阶段模型：学生需求分析、制定学习计划、开发学习内容、学习结果测评四阶段。我国学者李克东教授对乔希·柏森的四阶段模型做了深入的研究，并以此为基础，将其细化，完善为八个阶段。

李克东教授构建的混合学习设计步骤图包括八个步骤，分别是确定组织目标、确定所学的绩效、选择传递通道和媒体、学习设计、支持策略、实施计划的行动观察、学习评价、学习计划修订。最后通过修订学习计划反馈到第一个步骤。

参照现有的混合学习设计步骤，总结前人的研究经验，结合自身对混合式教学的理解和认识，主要从前期分析、课程设计、考核评价三个方面构思，构建了融合传统教学和MOOC的混合式教学模式框架图。

（一）前期分析

前期分析是整个教学活动设计的基础，要开设一门混合式教学课程，在开课前必须要详细分析教学条件和环境，以检验这种教学的可行性。前期分析具体从教学目标、学生和教学内容三个角度进行分析。

1.教学目标分析

教学目标是对达到预期的学习效果的具体表述，是希望学生通过学习，在知识与技能、过程与方法、情感态度与价值观等方面朝着目标所规定的方向变化。教学目标分析是教师在授课前需要完成的任务，也是课后教学评价的参考指标。

课程目标分为"知识与技能""过程与方法""情感态度与价值观"三方面。根据三维目标理论，将融合传统教学和MOOC在线教学的混合式教学的教学目标细分为知识与技能、过程与方法、情感态度与价值观三个方面。

2. 学生分析

学生是教学活动的主体，教学效果的好坏都会影响学生的学习效果。为了达到理想的教学效果，教师首先要分析学生的特征，确定课程教学起点以及对学生实施个性化教学。学生分析在教学设计过程中是不可忽略的一个步骤，它关系到混合式教学是否可以有效实施。学生分析包括初始能力、学习风格以及一般特征三个方面。

首先通过采用实地观察法和访谈法，了解学生的学习风格是场独立型、场依存性、冲动型还是沉思型；再利用访谈法分析学生现有的知识水平；最后通过访谈法、实地观察法对学生的一般特征进行分析，了解学生在学习不同学科时所产生的心理行为，包括学生的学习动机、生活经验和社会背景等。

3. 教学内容分析

教学内容是指在教学过程中为达成教学目的而让学生学习的知识、技能以及行为经验等。教学内容分析为制定教学方法提供了参考。教师只有在鉴别各知识点的类型和对应的教学目标后才能挑选切合的教学方式，设计出合适的教学活动。在融合传统课堂教学和 MOOC 在线教学的混合式教学中，教学内容包括传统教学的教材和其他课本资料，也包括 MOOC 平台的教学视频、课件等。教学内容可以划分为相应的课程、单元、知识点。

4. 教学资源

教学资源是指学生在学习过程中可以被利用的所有显性或隐性资源。传统课堂教学的资源包括了教材、参考书、教师的讲义等，也称作线下资源。为了提高孩子们的学习效果，我们引进了线上的教学资源使其作为课堂教学的补充，如各大 MOOC 网站、我要自学网等。教学资源可以划分为设计型资源和利用型资源两类别。设计型资源是指教师为了完成相应的教学任务而自行开发、制作的资源。常见的设计型资源有 PPT 课件、讲义、教师自制的高质量的教学视频等。制作 PPT 时要做到简洁、美观，不堆砌过多文字；录制微课时，要留意视频的播放时间长短，尽量控制在 5 分钟左右，同时要保证视频中声音和画面清晰。利用的资源即现成的资源，比如中国大学 MOOC 网、好大学在线、网易云课堂、学堂在线等 MOOC 网站。这些可利用的资源丰富多样、方便使用，但是教师在给学生使用前需要根据教学目标进行筛选，以便学生观看。另外，还有学校的精品课程等。这些可利用的资源和自己建设的资源都构成了混合式教学的资源库。

（二）课程设计

课程设计中最重要的就是教学活动设计。教学活动是教师为了完成课程中特定的教学目标而进行的操作总和。教学活动的设计要充分表现教学内容，并有机联系学生的认知水平。在混合式教学中，既要考虑到教师的主导性，又要重视学生的主体性。教师的教学活动不应该局限于传统教学中简单地授课或是让学生在纯网络环境下单调地自学，而是应该帮助学生获得更加丰富的学习体验，支持学生进行多种形式的学习。教师就需要设计线上、线下的多种学习活动，以帮助学生顺利地完成学习目标。此次混合式教学的实践主要从课前、课堂、课后三个环节来展开教学活动设计。

1. 课前

课前教学活动主要为教师和学生的准备阶段，在这个阶段学生需要完成知识的传递。教师提前备好课，根据教学内容和教学目标制定出对应的教学计划；然后设计教学资源，确定哪些知识适合传统课堂教学完成、哪些知识需要通过 MOOC 教学实现，从而建设完备的教学资源库。教师可以根据教学内容决定是否需要可利用型资源，如果需要，则将筛选好的资源通过 QQ 群或者微信群分享给学生。接下来教师将任务单张贴到 MOOC 平台课程通知处告知学生。而学生在查看学习任务单后，通过观看教学视频或者课本预习知识，完成教师布置的预习作业，然后把自己预习过程中遇到的疑问提出来，由小组汇总。这个阶段教师和学生之间的交流通过

MOOC 平台的讨论发帖区以及 QQ 群或微信群进行。

2. 课堂

课堂中的教学活动尤为重要，教师应该尽量把教学任务在规定的课堂时间内完成，利用好课堂上的四十五分钟，完成教学目标。在此次混合式教学中，传统课堂教学活动的开展流程为：前五分钟，给没有提前预习的学生在 MOOC 平台上预习本堂课的学习任务。二十分钟之内，学生把课前学习过程中碰到的疑问以小组的形式反馈到 MOOC 平台，教师了解学生比较难以掌握的地方后，通过讲解知识、给学生解析预习作业、解答疑问等教学活动构建本堂课的知识，完成知识和技能的传递。学生在教师答疑的过程中不断反思、内化知识，达成了过程与方法教学目标。接下来的二十分钟，教师通过提问、课堂测试的方式检测学生的学习效果，在小组互动和师生互动过程中，学生的情感、态度与价值观得到了升华。教室里面对面的交流方式让教师和学生无阻碍地进行互动，有助于教学三维目标的达成。最后，教师进行本堂课的总结，再次讲解重、难点，学生也不断总结和反思学习内容，教师依据学生的最近发展区来布置课后作业。学生应该尽量在课堂上完成课后作业。

3. 课后

课堂结束后的这段时间，学生可以进一步巩固知识，教师也要不断地反思，总结教学经验。在传统课堂中，课堂的结束意味着本堂课的教学内容已经完毕，即使教师在课后发现需要修改的地方也不便及时反馈给学生。而在融合传统课堂教学和 MOOC 的混合式教学中，课后教师将教学重难点发布到 MOOC 平台中，供学生再次复习。另外，根据学生的课堂表现和掌握情况给予学生个别化指导。学生在课后也要及时完成教师在 MOOC 平台上发布的课后作业。通过对比学生的课前测试和课后练习，找出问题学生，给予个别化帮助和指导。而学生在完成课后作业后，针对自己还未完全掌握的内容在 MOOC 平台的讨论区与同伴交流或者在线请求教师的指导。

(三）多元考核评价

考核评价对学生的学习有着重要的影响，它是对学生的学习成果的重要体现。开展混合式教学时，采用多种评价方式激励和引导学生，促进他们的情感、态度、价值观的全面均衡发展。研究需要运用诊断性评价、过程性评价和总结性评价结合的方式，在混合式教学开展前调查学生的知识水平，了解他们的初始能力和认知水平。混合式教学结束后，采用过程性评价方式，既考虑到学生的课堂表现，又注重他们在 MOOC 学习的完成情况，如观看视频的时间长短、提交作业的质量、参与讨论发帖的次数等。最后采用总结性评价综合学生的整体表现给予考核评价。融合传统教学和 MOOC 的混合式教学实践的开展依托于 MOOC 平台，平台上的记录可以帮助教师跟踪学生的在线学习情况，方便教师统计数据。为混合式教学的开展提供便利，也给过程性评价提供了依据，混合式教学实践的考核综合了 MOOC 成绩和传统课堂的表现。

混合式教学实践中，MOOC 学习占本门课程学习总成绩的 60%，传统课堂学习占总成绩的 40%。MOOC 学习包含学生是否完整地观看教学视频、是否在规定时间内完成各个章节的课前测试和课后作业、是否有在讨论区发帖交流或回帖等，以及参加在线期中和期末测试。传统课堂成绩包括学期考勤和课堂表现，以及平时的实验部分。这种考核评价制度几乎全面考虑到了学生在各个方面的表现情况。相对于传统课堂学习的期末测试定总成绩的考核评价方式来说更公平，颇受学生的喜爱。

第三节　融合传统教学和 MOOC 的混合式教学模式实践

实践是检验真理的唯一标准。为了检验构建的混合式教学模式是否可行，将该混合式教学研究付诸实践。实践平台包括公告管理、课程资源、课程内容、学生作业、学生笔记、在线考试、课程交流、资料管理、学生管理九个模块，具有简单易用、开放的特点。

实践的主要研究内容包括：课程的前期分析、课程的教学活动设计以及教学评价；制作与搭建混合式教学的教学资源库等；混合式教学的应用实践及其效果分析。

一、前期分析

（一）教学目标和教学内容分析

融合课堂教学和 MOOC 教学的高职院校课程混合式教学的教学目标不仅仅是为了帮助学生获得学分，系统掌握这门课程的学习内容，更重要的是培养学生的兴趣，帮助他们养成良好的学习习惯，培养独立学习和合作交流能力，以及树立终身学习的目标。

课程包含学科的各个方面的内容。包括基础理论，以及专业课程体系结构。通过学习这门课程，为其他相关课程打下了扎实的基础。

（一）学生分析

学生是混合式教学研究的主体，在混合式教学实施前期，需要进行学生分析，以便后续融合传统教学和 MOOC 的混合式教学的应用实践。对学生进行分析主要从学生的学习风格分析、学生的初始能力分析以及学生的一般特征三个方面进行分析。

1.学习风格分析

当问到学生更偏向于哪种学习方式时，只有个别学生偏向自主学习，其他学生都表示更喜欢合作学习方式。对于教师在课堂上布置的任务单，学生通过自学能完成比较基础的、简单的部分。当问到在没有教师监督时，大部分学生表示不会自觉主动完成课后练习作业。

2.初始能力分析

这部分的访谈题目均是围绕学生在以往的学习中，对于基础知识的掌握情况。据调查发现，大部分学生表示以前学过的简单操作，但教师只是简单地提到过，没有留下深刻的印象，因此目前已经忘记这部分的知识了。

3. 一般特征分析

通过访谈学生对这门课程是否感兴趣、学习这门课程的动机以及他们喜爱的课堂教学时间分配这三个问题，了解到大部分人对这门课程很感兴趣，因此愿意认真学该门课程。据调查，教师在课堂的教学过程中，学生基本上在课堂的前一半时间内较认真，这段时间的效率很高，而在课堂后一半时间的学习效果急剧下降，学生不喜欢教师讲授的时间占据整堂课程，更偏向课堂有自主学习和思考的时间安排。

（三）教学资源分析

教师制作的教学资源则包括微视频、教学案例、PPT 讲义、作业、期中期末考试、测试等。根据教学目标和课程大纲的要求，对各个章节的内容进行梳理，将知识单元碎片化，挑选出适合制作成微课形式的知识点，撰写教案和教学设计，并制作课件。利用录屏软件 CamtasiaStudio8 制作成微课视频。在上传视频时，还设置了嵌入式问题，以便及时检验学习效果。同时，还可以定期更新在线测验、随堂作业、实时回帖、课程讨论区等。

教师在该平台上可以方便地发布学习任务单、上传学习资料、发布测试等，学生可以在该平台上获取学习资料、完成自测、讨论交流等，完成课前的自主学习。教师通过查看留言发帖区，获取学生课前预习状况，方便教师在课堂上和学生讨论、交流时着重强调知识盲区。

二、混合式教学活动实践

教师在混合式教学实施前，系统地讲解如何使用 MOOC 平台。学生则结合教师上传的 MOOC 使用手册，以自己的学号注册并登录，选择加入课程，进行 MOOC 学习。在 MOOC 学习中，通过平台统计出学生学习任务的完成情况，并根据学生反馈的问题创设不同的情境，如：问题讲解、自主探究、小组协作解决问题，给学生进行个别化指导。学生则通过自主探究、小组协作、教师答疑、成果展示分享等使问题予以解决，从而达到内化知识的目的。

课程每周的课时安排为两节理论课和两节实践课。在理论课时中，进行融合传统课堂教学和 MOOC 教学的混合式教学；在实践课时中，教师根据学生对 MOOC 视频的学习布置相应的实验，作为学生的课堂成绩依据。

（一）课前自主学习

课前，教师通过分析教学目标、设计教学资源，将各章节课程资源提前上传到 MOOC 平台上，在 MOOC 平台上发布学习任务单、布置 MOOC 作业。

此外，要求学生课前在规定的时间段内看完各个章节的学习视频，并完成对应的 MOOC 作业。学生通过下载文件查看学习任务单，观看 MOOC 教学视频，完成 MOOC 作业。MOOC 视频中插入了嵌入式的试题，帮助学生及时巩固知识点。然后把在学习过程中不懂的知识记录下来，以小组的方式发帖反馈到 MOOC 平台上。

各小组将预习过程中有疑问的地方反馈到课程交流模块，助教教师每周在固定的时间在线，与学生交流回帖。MOOC 平台可以查看到学生的学习记录，包含视频的观看时间、作业的提交情况、发帖及回帖等。这些数据有助于教师掌握学生的在线学习情况，以便于教师在课堂上进行统一讲解与答疑。

（二）课堂教学活动

课堂上，前五分钟给没有进行课前预习的学生进行 MOOC 学习，然后将预习中遇到的疑问以小组的形式反馈到 MOOC 平台。在二十分钟之内，教师针对学生的疑问之处进一步构建知识，并帮助学生解答疑难，完成知识的内化；而学生则认真听讲，内化知识。教师在答疑之后，在接下来的十分钟内，解析学生的 MOOC 作业，学生则进一步内化知识。

在最后的十分钟内，教师针对学生的课堂表现提问，以检测学生的学习效果；总结本堂课的教学重、难点；最后布置课后作业。而学生通过小组讨论、师生互动的方式回应教师的课堂检测，通过教师的总结，结合自己的掌握情况，反思学习中的知识点，完成知识的深度理解。

（三）课后反思总结

课后是巩固知识的阶段，教师将教学重、难点上传到 MOOC 平台或者 QQ 群，学生通过查看文件进一步复习知识、查漏补缺，然后完成教师布置的课后作业。MOOC 作业设置了主观题互评方式，需要至少两位学生互评主观作业，否则扣除该题 50% 的成绩。对于反思过程中遇到的疑难问题，学生可以在线发帖交流。教师则在线上回帖，指导答疑，进行个别化指导。接下来准备下一堂课的课前教学活动。

此外，教师在每个特定阶段组织学生现场进行阶段性测试，如期中测试和期末测试。期间有多位教师监督，保证测试的真实性和有效性。测试结束后，教师及时批阅试卷，MOOC 平台上，系统统计出客观题的分数，教师则批阅主观题。最后在后台导出相应数据。

三、考核评价

学习效果评价方式运用多元化的考核评价方式。结合学生在 MOOC 上的视频学习、在线作业、日常发帖、在线测试以及传统课堂的平时成绩（考勤和课堂表现）和实验成绩，采用多种评价方式并存的考核方式。课程结束后，对学生一学期的混合式教学实践进行评价。

第四节 基于 MOOC 的混合式教学模式

一、理论基础

(一) 人本主义学习理论

人本主义自 20 世纪五六十年代提出以来，与行为主义学派、精神分析学派并称为"三大势力它的代表人物是马斯洛、罗杰斯等，该理论认为人的学习是一个个人潜能的充分发展的过程，教育活动应该是一个有机的过程。

因此，人本主义认为教育应该关注的是如何持续不断地供给学生有关学习的热情。罗杰斯认为，教学的过程就是促进学生发展的过程，要促进学生发展就要选用合适的教学方法，所谓的合适的方法内涵广泛。第一，要选用合适的教材。这样的教材要与学生已有的知识体系和能力水平相匹配，以方便学生自主学习。第二，教师要会教学。他认为，教学是一项技术含量很高的工作，教师不仅要"能"教学更要"会"教学，要懂得如何因材施教。第三，要有意识地培养学生自主学习的能力，培养学生自主学习的习惯。社会的不断发展依赖的是人的能力的多样性，以及他们蓬勃的激情、独立的个性。

然而，社会快步伐的发展使得我们关注的焦点越来越功利化，我们越来越多地关注的是成绩，却忽视了能力。人本主义学习理论认为教师的任务不应当只是"传道授业解惑"，更主要的是要能够为学生创造学习的环境和条件，为学生营造出自主学习的氛围，培养自主学习的能力，它倡导的是一种自由式的以学生为中心的教学观。

MOOC 正是"尽可能地为更多人带来最优质的教育，目的是让人们从最好的大学、最好的导师中学到最好的课程。"MOOC 课程在设计上，明显体现了以学生为中心、以提高学生的能力为目标的设计初衷。MOOC 的课程的视频一般都是 8—10 分钟，有的甚至更短，每个视频将主题内容进行最集中的浓缩的呈现，这样的设计根据的是学生思想集中时间最长为 15 分钟的科学规律，现在国内课程平台都开发出了适应手机应用的 APP，在方便学生学习的同时也推进了泛在学习的发展。在课程中，每一小节的课程都会提供相应的背景材料，在学习材料中它会说明，如果学生已经有这部分的知识背景，那么可以直接进行下一个视频内容的学习，并且还列出了学习任务单，学生可以根据学习任务单了解在该门课程中所需要完成的内容，以及掌握的知识点，将学习的主动权交到了学生的手上，提高了学习效率。同时，这些视频课程都是永久性地开放，学生不管何时学习都可以，遇到不会的概念，不理解的地方还可以进行反复学习，遇到自己感兴趣的地方也可以进行深入学习，这都取决于学生自己的意愿，这样的模式很大程度上实现了以学生为中心的教育理念。同时，MOOC 与传统教学最大的区别就是，学生的学习在空间上是一个独立完成的过程，不再是传统的师生处于同一空间中，教师作为教学的主体在讲台上进行知识的主动传输，学生在讲台之下被动接受的状态。MOOC 所创设的是一个个性化、自主化的学习环境，它将已有的技术资源、教育资源、商业资源进行重新整合，与名校名师的才华相结合，探索的是如何改进我们当前的教育状况，这样的探索利在当代、功在千秋。

混合式教学模式在教学的过程中实现了一个质的突破，它的特性决定了它有着很强的包容性，从教材上来说，凡是能够为学生学习服务的皆可以取之服务于学生。它也是一种开放的模式，从教师主体选择上来说，同样的内容，不同的教师施教后也会取得不同的教学效果，混合式教学模式的开放性提供了广泛的选择性，我们可以通过科技的手段实现教师的空间流动，人尽其才。混合式教学模式也是一种灵活多变的教学模式，从培养学生能力方面来说，由于它没有固定的样式，环境的混合、资源的混合、教学方式的混合，都是建立在适应学生的自身发展的基础之上，目的都是促进学生知识的吸收以及能力的发展，力求能够实现真正的因材施教。它只有一个宗旨，即以学生为中心，为学生服务。

基于 MOOC 的混合式教学模式中更为深刻地体现和执行了人本主义思想，混合模式的使用，使得不管是教材还是教师都能够实现最大程度地适合学生、有利于学生。同时，这样的模式也能够充分实现学生能力的增强。MOOC 的融合，实现了优质教学资源和优质教师的自由流动，使得优质资源也能够物尽其用，并且 MOOC 课程的设计本就体现了以学生为中心的服务思想。将 MOOC 与混合式教学模式进行融合，则实现了效果的最大化：既可以充分发挥教师的引导作用，又能够让学生充分行使自己的自主权。

MOOC 既可以作为课前预习的资源，又可以作为课前预习的平台。根据 MOOC 特色，进行任务单的设置，将自主学习与合作学习相结合，既培养了学生独立思考的能力，又锻炼了学生的团队协作能力，并且还实现了优质资源的共享与运用。课堂中根据学生课前的预习内容，以及预习情况，进行师生间互动活动的设计，教师担当的是引导者的角色，用问题引发学生的思考，根据学生课前预习反馈的情况进行深入的探究讨论，培养学生的发散性思维，以及深入探索能力，充分挖掘学生自身的学习潜力。课后利用 MOOC 平台以及相关平台进行拓展资源的提供，拓宽了学生学习的地理边界、时间边界、知识边界，培养学生自主探究的学习习惯，形成终身学习的性格特征，同时也减轻了教师的工作量。MOOC 平台用后台系统监测，进行大数据分析，用科学的方法对学生学习情况进行有效的评测，实现针对学生的个人特点与个性特征的教学改进，这些特点无疑都是人文主义以学生为中心、为学生服务理念的最好体现。

（二）建构主义学习理论

最早提出建构主义思想的是维果斯基。他认为，每个个体的认知方式以及认知过程是有区别的，因此每个人的学习结果以及学习状态也是无法预测的。教学本身的任务不是控制学生的学习，而是去促进学生的学习。随着网络在教育领域的应用和发展，关于建构主义的理论也在不断地发展和完善，进行教学设计的时候重点并不是在教学目标上，而是在学生的发展上。要以学生为中心，构建能够促进学生进行知识内化的外部和内部环境，促进学生知识的吸收、能力的获得。在这个过程中，教师只是学生学习过程的辅助者和促进者。建构主义对于传统的统一式的课堂授课模式是不赞同的，它认为这样的教学方式不仅无法凸显学生的主体性与个体化，还会阻碍学生个性的发展与优势的发挥。它主张因材施教，充分发挥学生的主观能动性，每个学生都应当有与教师直接对话的机会，教师只是学生学习的引导者，不是主导者。余胜泉认为建构主义是培养学生创造能力的最好方式，它能够最大程度地激发学生的积极性和主动性，在学生理解复杂知识以及高级技能的习得方面更是有着得天独厚的优势。他认为建构主义学习环境具有真实学习情景、合作学习、注重问题解决等特色，所有的学习环境都依赖于技术，以使环境易于操作，计算机以及相关技术在建构主义学习的实现过程中发挥着举足轻重的作用。另外，建构主义理论认为学习需要发生于情境中，在社会交往以及与周围环境的交互过程中，在解决问题的同时获得技能。在这样的过程中，学生掌握着学习进程的主动权，实现构建好的学习目标。

从"教"的视角来说，传统的教学方式从教学设计到教学实施都是由一名教师全程执行，一个人的智慧毕竟是有限的，如何使自己设计的课程适合大部分学生、如何让课程调动出学生的学习热情和积极性一直是困扰大部分教师的问题。在MOOC中，每一门MOOC都是由一个团队倾情打造，团队之间的分工非常明确，负责搜集资料的、课程讲授的、测试内容答疑的，以及后期制作的，各司其职，在共同协作之下完成一门课程的制作。这样的课程集结的是集体的智慧。从设计之初，它集结的就是最优秀的物质资源和人力资源，并且研究了各种学生的学习习惯、学习特性，依据科学规律设计课程，目的就是激发出学生学习的兴趣和热情，帮助学生形成自我构建、自主学习的能力。

从"学"的角度来说，MOOC 的课程基本是开放的、免费的，任何人想要学习都可以直接获得学习资源。舒适的心理环境有利于促进学生对知识的吸收和消化，而 MOOC 的开放性正是为学生营造了舒适的心理学习状态，让学生以一种轻松的状态实现知识的获得和构建。学习的过程也是一个新知识取代旧知识的过程，这样的过程是思维不断转换的过程，教师的点播、学生之间的交流往往有四两拨千斤之功效。MOOC 非常重视学生之间的合作，也很强调学生在学习过程中的主动构建、彼此互动。MOOC 讨论社区的创建，为大家提供了自由交流的场所，没有传统的教师的干预，没有任何思想的束缚，学生可以发表自己的任何疑问。不同的文化背景、学习背景也使得学生在交流的过程中碰撞出新的火花。学生就在这样一个宽松，自由而又活跃的集体氛围内，获得、建构进而内化所习得的知识并且进行更高认知技能的学习。

混合式教学模式最大的特点就是凸显了学生的主体地位。混合性即多样性，学生的个体特征本就是多样的，传统的单一的模式显然无法适应所有人，根据学生的状态选用最适合他们的模式，从学习环境、学习内容、学习方式到学习评价依据学生的主体需要进行混合，课前通过学习任务单的设置为学生的自主预习提供引导和方向，从而培养学生独立思考的能力、独立学习的能力以及自我消化的能力，对于不理解的地方既可以在课前与教师进行一对一交流，也可以通过学生之间的讨论获得新的启发。在课堂中，由于学生已经预先构建了基础知识，教师也可以对于知识的深度及广度进行扩展，拓宽学生的思路。课后，利用已经有的资源，让学生根据课前与课中的学习，进行课后的自我巩固和反思，真正实现知识的内化。在这样的过程中，教师扮演的是学生引路人的角色。这样的方法对于改变

"高分低能"的教育现状有着明显的促进作用。

基于 MOOC 的混合式教学模式，不仅实现了一个空间内的师生、生生之间的交流互动，还实现了跨越空间的，与不同国籍、不同文化背景的同伴之间的互动。MOOC 是新技术发展的产物，从原先的只能在计算机上操作，到现在可以在手机上操作，将泛在学习的愿景逐步现实化。在基于 MOOC 的混合式教学模式的实施过程中，学生是学习的主体，学生可以根据教师提供的资源，选择自己感兴趣的内容进行深入学习，并且，教师提供资源的过程也是授之以渔的过程，将学习的途径教给学生比将学习的内容教给学生有着更为长期和远大的价值。而且，MOOC 课程借助计算机的技术，创设的情境如真实情景一般，学生的情感需求可以通过混合式的课程模式在课堂之中进行弥补。可以说，基于 MOOC 的混合式教学模式，是一种将 MOOC 与混合式教学模式两者完美融合，从而真正实现了优势互补，将建构主义教学理念优势最大化发挥的一种教学模式。

（三）认知主义学习理论

认知主义源于格式塔心理学派，认知主义认为，世界是客观的，人们对客观事物在头脑中的反应形成了知识，知识是可以迁移的，因此它可以通过教学的方式获得，而教学的目的就是使用最有效的方式实现知识的迁移。认知主义也强调环境在学生学习过程中的作用，但是它认为环境作用的实现必须通过学生的内部心理作用的过程，它认为生活处处皆知识，学习无处不在。

认知主义代表人物托尔曼认为人的头脑中是有认知地图的，所谓认知地图也就是学习不仅仅是一种单纯的知识获得，同时也是对学习目标、学习过程、学习途径以及手段的清晰认知，也就是认知观念的形成。所以在学习过程之中，也需要对认知过程进行研究，强调学习的目的性和认知性。

认知主义的另一个代表人物布鲁纳认为，学习的实质是将学习内容进行符号化和表征化的过程以及将这些表征进行应用的过程；皮亚杰则认为知识的获得是通过内部心理活动实现的，包括内在的编码以及组织，它重视意识在学生学习过程中所承担的角色，认为在新的学习开始之前，学生的心理已经存在一个心理结构，这原有的认知结构对于后续的学习有着重要的影响。学生原有的学习策略，学习态度、知识经验以及情感、信念、价值观、态度等都是影响后续学习效果的重要因素。因此，他认为在教学的过程中既要重视学生的主体作用，又要重视教师的外部刺激作用；既要重视学生的内部心理过程，又要创设合适的条件来促进学生的内部心理状态的发展。认知主义理论指导下的教学模式将学生的心理发展状态，作为一个重要因素纳入教学设计中，在教学策略和教学内容的选择上与学生原有的认知结构更为契合，学生的主动性和积极性也能够得到更好的发挥。

　　MOOC 中的每门课程都将"认知地图"的思想很好地体现出来，每次开课之前，都会将课程的大概给出一个相关介绍，并且还将教学大纲以及总时长数公布出来，每周的主题、主要内容、相关材料、课后作业、评分标准等等也会通过邮件告知，这种方式的使用能够使学生预先建立"认知地图"，从而更好地投入到学习中。MOOC 在课程设计中，在每一节视频中，都会嵌入 2—3 道测试题，如果对了，会直接显示正确答案；如果做错了，学生可以有多次选择的机会，而不会直接显示答案。这样的设计是源于学生的游戏心理，学生在玩游戏的过程中会有通关的设置，只有通过了基础的游戏关卡，才能升入新的一级，MOOC 的设计借鉴了这一特点，依据学生的求胜心和好奇心在课程中嵌入测试，只有通过才能继续学习，这种设计一方面是对学生学习兴趣地刺激，另一方面也是对于学生学习效果的监督，每一步的测试即对于之前学习内容以及学习情况的监督和检测，并且通过测试及时给予学生学习的反馈，学生也会知道自己是否理解课程所讲的内容，已经有实践证明，通过学习 MOOC 课程的学生取得的成绩要比通过参加传统课堂学习的学生的成绩好。

　　学习的主体应当是学生本身，然而传统的教学模式由于技术条件、人力条件等问题的限制，使得教师成为了所有学习活动的中心，教师是学习活动的发起者、执行者、监督者、检测者，多种角色集于一身，纵使有三头六臂也无法将所有角色都扮演好，何况，学生间又有着明显的个体差异性，在这种情况之下，学生的个体差异性无法被顾及到也是在所难免，这也是说中国教育就是一个"复刻机"的根源所在。混合式教学模式的发展是教育理论和科学技术不断发展的产物，它的理念即在适当的时间，通过适当的技术，运用适当的风格，对适当的学生传递适当的能力，从而取得最优化的教学效果，把传统教学效率高、师生间可以进行情感互动等方面的优势与网络教学自由、多变、共享方面的优势相结合，在知识迁移的过程中，既充分发挥教师的引导、启发和监督的作用，又将学生的在学习过程中的积极性、主动性和创造性充分调动和发挥，用最简单的办法实现知识的有效迁移以及学生能力的获得。

关注学生内部心理发展即关注学生本身，基于MOOC的混合式教学模式的设计理念是以学生为中心，课前资料的提供及学习任务单的设计，出发点都是学生的接受程度、接受能力、已有的知识基础、关注的兴趣点等等，在此基础上设计相应的问题，引发学生对所学习的内容的思考，激发学生深入探究的兴趣。同伴之间的合作既是一种彼此的促进又是一种彼此的监督，实现了纵向和横向监督并行的状态。课堂中已有教学资源的运用，既实现了物尽其用，又解放了教师，使得教师把更多的时间和精力投放到学生身上，关注学生的成长与发展。课后，交流平台的运用，延展了课堂的宽度和广度，使得课堂不再局限于仅有的45分钟，任何时候、任何地点，有任何疑问都可以与教师实现无缝衔接交流。大数据技术的应用，用科学的手段分析学生的学习情况，进而进行科学性的改革和调试，使设计的活动更为适应学生的学习需求和发展需求，通过内部及外部条件的作用，实现学生的能力的提升、情感的提升、态度的培养。

二、基于 MOOC 的混合式教学的可行性分析

(一) MOOC 与混合式教学的共通性

1. 共通的理论基础

理论基础是一切教学模式的基础，也是新的教学形式的根本。它是基石，也是灵魂，决定了教学模式未来的发展。混合式教学和 MOOC 课程都是以人本主义、建构主义以及认知主义理论为其理论支撑，这就决定了两者的融合有着非常深厚的理论根基。

建构主义和人本主义学习理论都是混合式教学模式以及 MOOC 课程的设计基础，两者都旨在增强学生的高阶学习能力，都以系统论为基础，要求教学目的、过程和方法合一，强调学生的主动性、创造性和积极性。在学习方式方面不管是混合式教学模式还是 MOOC 都是以协作学习和自主学习为主，它们都注重学习情境的设计，在情境之中促发学生的思考，实现知识的吸收和运用。在 MOOC 课程中，课前任务单的发布、材料的提供、资料的说明相当于传统教学中，教师引导和启发作用的发挥。在课程学习进程中，内潜性的测试相当于传统教学中教师的监督作用的发挥，而在混合式教学中教师则直接发挥其引导、启发和管理的主导作用，主要体现在课前任务的设置、课中师生的互动、课后拓展性活动的设计上。然而不管是 MOOC 还是混合式教学模式都非常充分地体现出了学生作为学习主体的主动性、积极性和创造性，都能够促进学生对系统知识、基本概念、基本规律掌握，都能够很大程度地增强学生分析问题和解决问题的能力。

人本主义学习理论认为教师的任务不应当只是"传道授业解惑"，更主要的是要能够为学生营造学习的环境，创造学习的条件，为学生营造出自主学习的氛围，培养起自主学习的能力。MOOC 在课程设计时也是以学生所需、所想、所愿、所难为起点和终点设计课程，单纯的 MOOC 的学习依赖的本就是学生的自觉性和好奇心以及学习欲，没有任何强制的束缚和硬

性的要求；而 MOOC 之所以能够发展得如火如荼，一方面是因为它课程的高质量、名校名师的光环，另一方面是因为课程设计中所渗透的心血、碎片化的课程结构、课前任务单的设计、内嵌互动的测试、论坛的设立等等，将趣味性与知识性实现有效融合。混合式教学模式是对于传统教学模式的发展，它突破了以教师为中心的束缚，更为注重学生的自身发展，将学生作为一切教学活动起点和出发点，以"是否适合学生"为衡量标准，也更为关注学生的个体差异性。在教学过程中，不管是从教学手段，还是教学内容，以及教学途径等，都采用了多样性来满足学生的个体差异性，将同伴评价纳入学生考核，既刺激了学生的求胜欲，同时又促进了学生的自我反思，同时也使得教师对于学生的评价更为全面和立体化。

2.共通的服务宗旨

有效学习具有如下特点：鼓励反思、促进对话与协作、理论用于实践、创建学习共同体、促进创造力和激发学生的动机等。不管是 MOOC 还是混合式教学模式都是以学生为中心的教学形式。

混合式教学是为了更好地实现教学目标，将面对面教学与在线学习系统有机地结合起来，实现完整的教学过程的一种教学方式。混合式教学的概念自 2003 年诞生以来，对于优化该模式从而更好地为学生服务的探索就不曾停止过，从理论、环境、资源、到学习方式都在探索更为有效的方式，从而更好地适应学生的学习习惯、学习特性，帮助其在学习的过程中获取更好的效果。混合式教学模式始终贯彻将"学生作为学习的主体，教师作为学习的支持者"的理念，通过有目的地"灵活地选择"组合各种信息技术和教学策略。教师不是知识的简单灌输者，而是学生学习的设计者、帮助者和支持者，学生不是知识的"容器"，而是认知的主体，教学的过程是在一定的环境中促进学生主动建构知识意义的过程，教材从传统教材扩展到数字化（单机的、网络的）教材，教学媒体也成为了给学生提供"自主""探究""合作""交流"等的工具。这些都是在混合式教学模式理念指导之下实现的教学的进步。

日本的佐滕学教授提出传统课堂的"学习共同体"的目标是追求卓越，这里的"卓越"是指教师的"教"与学生的"学"都必须是卓越的。MOOC平台创建的准则之一便是"教"的卓越——"将最优秀的课程资源与全球共享"，这是 MOOC 课程的入门条件；同时，也期待所有选择 MOOC 的学生都能够"学"得卓越，这里的"卓越"并不是成绩多么优秀，而是对于学习境界的一种追求，不管何时、不管何地，都能尽其所能。MOOC 强大的制作团队、丰富的课程资源、充实的课程内容、完整的课程结构、内嵌的互动性测试以及课前任务单的设置、拓展性学习资源、论坛讨论等都借助新的技术的发展，为的是学生能够更便利地获取、更高效地吸收、更快捷地沟通。MOOC 的出现打破了国界与时空的限制，世界上任何一个角落的学生，只要具备网络条件，都可以通过注册 MOOC 的账号，学习到优质的课程，实现自身的发展。MOOC 的学生之间还能够通过互助合作等形式，共同分享优质的课程资源，实现学习共同体的"卓越"原则。

（二）MOOC 与混合式教学的互补性

1. 外部层面的互补

从环境层面来说，MOOC 的线上的学习环境有着学习形式多样而自由、学习状态开放的特点，但是其缺点也非常明显，这种学习环境主要依赖于学生的自己的内在动机，内在动机是支撑学生持续学习的唯一动力，缺乏师生以及生生间的情感支持，不利于学生形成学习的坚持性和连续性，这也是 MOOC 高辍学率的主要原因。混合式教学主要是在线下进行，线下学习环境的特点是教师是整个学习过程的主导，教师把控着学习的进程，师生互动、生生互动的活动的形式较为丰富，能够有效激发学生的学习热情，并且师生之间能够有非常频繁的情感沟通，情感鼓励是学生学习非常大的情感动因。但是线下学习主要依赖于教师个体的创设，在这样单调的学习环境之下，学生的思维和眼界也容易受到限制。然而，将 MOOC 与混合式教学模式相结合，MOOC线上学习环境的丰富性、多样性弥补了混合式教学线下学习环境单一、枯燥的不足，而混合式教学线下学习环境的师生间的情感交流的丰富性也弥补了MOOC线上学习情感依托不足的缺点，彼此互补，共同发挥优势。

从资源层面来说，混合式教学模式的优势之一便是可以融合百家之长，凡是有利于教学效果的资源都可以用来为其服务。教学资源是混合式教学模式教学环节当中非常重要的一部分，如何利用适合于混合式教学模式的教学资源，使其既适合于教学，又能够实现资源的价值一直是阻碍教学模式发展的一个难题。MOOC平台的资源不但丰富，而且高质，并且设计也贴合了学习主体的学习习惯、学习特性，每个课程视频的时长都是5—10分钟，抓住了学生注意力短这样的特点。每个视频还内嵌了互动性的测试，只有测试过关才能继续学习，这样的一些特点使得MOOC不但可以作为课堂教学内容的一部分用于课堂教学之中，而且可以作为课堂之外学生自主学习的补充性资源。但是这样优质的资源如果不经过学校的推广，并不能得到有效的普及。将其融合到混合式教学之中，不但能够实现物尽其用，弥补了MOOC资源普及范围狭窄的不足，使更多的学生享受到这样的优质资源，而且弥补了混合式教学资源不足的缺陷。

从学习方式层面来说，混合式教学模式融合了自主学习方式、协作学习方式等多种学习方式。多种学习方式一方面促进对教学资源的更好地吸收，另一方面也培养学生多方面的能力。但是，在混合式教学模式中多种学习方式的使用缺乏相应的平台和活动支撑。在MOOC平台中，不但有优质的视频课程，而且还有供大家交流、学习的论坛，并且在课程中内嵌了相应的测试、独立的视频课程，内嵌的测试培养了自主学习能力和思考能力，论坛讨论则培养了学生的协作能力和探究能力，而要将这样的学习方式的效果最大化，还是需要教师能够有一个适当的引导和领导，不然学生的探究性活动则很有可能会无的放矢，协作也会变成一片散沙。在MOOC

平台中，虽然有助教进行答疑解惑，但是他并不组织相应的活动，因此要锻炼学生的能力，还缺乏教师针对性的引导。由此可见，MOOC能够有效解决混合式教学模式活动平台支撑的问题，而混合式教学模式的使用也使得MOOC平台的活动组织有了主心骨，彼此取长补短、协调配合。

2. 内在需求的互补

MOOC平台目前推出较多的课程是以知识为中心的理解类为主的创建型课程，分享型和评估型的课程并不多。但是在知识的学习过程中，不仅包含认知过程，还需要一种情感的交流与体验，这也是课程学习的一个基础。教师如果不创造一个在情感方面安全、舒适的环境，学生在情感上会处于比较焦虑的状态，这样的状态不仅无益于课程的有效进行，还会让学生产生想放弃的情绪。另外，MOOC课程以结构化的传授方式为主，认知式和高阶式思维训练性的课程比较少，因为这样的课程单靠几乎无交流的机器式教学是无法实现的，从某种程度上来说这也是MOOC尚无法满足高等教育中的所有学科课程的要求的一个深层原因。如果要进一步完善MOOC课程，除了线上的学习活动外，线下学习活动的推进也是不可或缺的。思维式高阶课程，以及认知式的文科类课程的出路，无疑于将线上与线下的方式进行结合。

目前，混合式教学模式的效果要能够最大化地发挥，在教学形式、教学资源、教学内容、教学评价方面都需要不断地探索和完善，目前，MOOC的新发展也为混合式教学模式的发展提供了新方向。MOOC在课程设计上给混合式教学模式的多样性方面以新的启发，MOOC的课程内容给混合式教学内容以新的补充，为丰富混合式教学模式的教学形式提供新的思路。管理者可以从中选择合适的学习内容，融入校本课程建设；同时，教师也可利用MOOC资源创生课程，简化教学繁杂的工作，更为重要的是将MOOC融入混合教学模式中可以将学习的物理空间进行拓展；同时，面对面的学习又倒逼着学生去赶上其他人的学习进度，使其参与MOOC网络课程的学习变成一种主观能动的行为。MOOC 课程的学习任务单设置、教学环节结构的完备性，也简化了 MOOC 与混合式教学模式融合的程序。

（三）MOOC 与混合式教学的相融性

所谓混合，即融合百家之长，因此它具有更强的适应性、适用性以及包容性，这也是其他教学模式无法企及的优势。美国教育部应用元分析方法统计了 1996—2008 年间的 50 项在线学习效果研究数据，结果发现混合式教学模式能够将面对面学习与在线学习两种学习方式较好地融合，其取得的教学效果也优于其中任何一种单纯的学习方式。混合式教学模式与MOOC 有着共通的理论基础和服务理念，并且两者在外在形式和内在需求上都有着较好的互补性，但是仅仅互补还是不够的，两者之间还有着非常强的相融性。

1. 交互活动的相融

传统课堂，一般只有 45 分钟的时间，在这短短的课堂时间内教师无法将协作学习进行很好的开展，导致其只能流于形式，而不能真正产生良好的教学效果。

混合式教学模式与 MOOC 之间良好的相融性主要体现在：第一，交互方式的相融性。交互不再受时间和空间的限制，不管是课堂同步交互、网络同步交互，还是网络异步交互都可以由于混合式教学模式的使用而在课上、课下自由切换。第二，交互主体的相融性。师生之间、生生之间，甚至与跨越地区、跨越国籍的同伴之间的交互都由于 MOOC 平台与混合式教学模式的融合而为其提供了彼此交互、沟通的桥梁。第三，交互内容的相融性。MOOC 平台的资源、其他平台的资源，以及教师自制的资源都因为混合式教学模式而使得这些内容可以毫无障碍地成为师生以及生生间交互的内容。

2. 课内外活动的相融

MOOC 与混合式教学模式在课内外活动实施拓展方面也有着非常强的相融性。第一，课前、课中活动的相融性。混合式的教学模式的使用，让课前、课中、课后的时间都能得以充分、有效利用。在课前，MOOC 平台的资源可以帮助学生很好地预先构建知识基础，混合的学习环境、混合的学习方式，使得学生可以借助任何途径、使用任何方式实现对所学知识的浅层或者深层的理解。同时，教师也可以随时了解学生的学习情况，并且根据掌握的学生的学习情况，或者在课上选择有代表性的问题做针对性解答，或者作为教学内容的一部分，融于教学之中，实现课前、课中内容的完美衔接。第二，课外拓展活动的相融性。现代时代发展的速度特别快，知识更新的速度更是日新月异，MOOC 平台上有着与时代变化相契合的教学内容。混合的学习资源的使用，使得教学不再拘囿于过时的教材之中，教学内容可以根据 MOOC 平台最新的发展状态进行及时更新，为学生拓展学习的边界、开阔学习的眼界。混合的评价方式的使用，使得对于学生的评价全面化、立体化、人性化，不再单单以成绩论英雄。

三、基于 MOOC 的混合式教学模式的构建

（一）基于 MOOC 的混合式教学模式的设计理念

1. 教学目标：注重学生的自主发展

基于 MOOC 的混合式教学模式的教学目标以学生的发展为本位：

第一，注重学生的主体特征。教师在进入课堂之前，首先分析的是学生的主体特征，学生能力发展的需要，要将知识的传授过程变为促进学生主体能力发展的过程，而不是简单的知识传递的过程，为了讲授而讲授。

第二，注重学生的个性发展。每个学生都有自己的特点，尺有所短，寸有所长，有着其区别于他人的特点，这就要求我们不能统而概之地进行复制式的培养，要根据学生的具体情况有针对性地给予指导。

第三，注重学生的全面发展。一个人的发展需要的是全面的发展，不管是知识、能力，还是情感、价值观，需要的是教师的全方位的引导，再

将这种全方位进行具体的细化、具体化，贯穿到每一次课程中。

2.教学过程：注重学生的主体参与

第一，教师在教学之前要认真研究各个学生学习的不同起点，根据实际情况，确定教学策略、教学过程。

第二，设计不同层次的教学活动，组织全体学生参与教学过程中，由于学生的学习基础不同，要根据学生的具体情况设计相应的教学活动，使其融入教学活动中。

第三，引导学生全过程参与、全身心参与。学生的参与不应当仅仅局限于教学过程中，更应当在教学内容的选择、教学活动的设计、教学结果的评价等方面，并且在参与的过程中不仅仅要有智力因素的参与，还要有非智力因素的参与，从各方面调动学生的学习积极性，激发出课堂活力。

3.教师任务：注重情境的多元创设

第一，创设探究情境。MOOC平台的使用，可以为探究情境的创设提供多方面的便利。一方面，设置真实的探究情境，在真实的环境中让学生通过实践实现对知识的理解和吸收。另一方面，设置虚拟的探究情境，利用MOOC平台，制造学生的认知冲突，激发出学生的求知欲，促使其积极主动地分析问题、解决问题，逐渐养成独立思考、解决问题的能力。

第二，创设协作情境。古语说："三人行，必有我师焉"，学习本身就是一种社会性的活动，师生交互、生生交互的过程也是学习的有效途径。学生以原有知识与经验为基础，在交互过程中发现彼此间的差异性，通过深入探究了解差异的原因、根源，达成最后的共识，也是一种有效且深入的学习方式。我们可以利用混合式教学模式的包容性，设计相应的小组协作学习、组间合作等方式，为学生间的信息交流、沟通创造条件，还可以将MOOC平台的课后论坛充分运用，那是一个更广阔的讨论平台，多方意见的撞击，能够产生不一样的思维的火花。

（二）总体思路

基于 MOOC 的混合式教学模式是建立在课内外自主学习与互动学习这二者交互作用基础上的一种混合教学模式。这种模式可分为感性接触、理性分析与综合应用三个阶段，由于混合式教学模式包容性的特点，以及 MOOC 的完整性的特点，我们可以从学习资源、学习环境、学习方式、评价方式四个方面进行混合。

1. 学习资源的混合

学习资源的混合：MOOC 平台的课程资源 + 自制视频 + 教材 + 其他平台资源。

混合式教学模式中的学习资源具有多样化特征，教师和学生根据实际需要来选择适当的资源进行学习。教师在课程开始前，将学习任务单与学习内容一起呈现给学生，学生可以利用 MOOC 平台或者其他平台获取自己想要的学习资源，在课前进行提取、预习，然后通过课堂上教师的讲解，对知识达成更深一步的理解，并在教师设计的学习活动中完成学习内容的建构。

（1）MOOC 平台的资源的学习

有研究表明：个体结构化的学习活动仅占 10%~30%，其余 70%~90% 的学习活动是通过非正式的课堂授课形式进行，对学生来说，对非正式学习活动的支持有助于个人知识的增长。MOOC 平台上有大量的适合学生学习的资源，但是由于缺乏一定的组织，只是依靠学生的自主性去学习，造成很多资源的浪费，我们可以借助混合式教学模式这样一种教学方式来提高这种高质资源的利用率。由教师先行选择适合学生学习的内容，然后供学生进行自行选择所学习的内容，由于 MOOC 平台的每门课程都有其相应的学习任务单，视频内部也嵌入相应的测试并且会提供及时的反馈，这些独具匠心的设计都是为了更好地激发出学生对于学习的兴趣。而且，随着新技术的发展，MOOC 平台的课程在手机上也开发了相应的 APP，使得学习更加便捷化。同时，教师还可以通过学生的学习进度条、课后作业完成情况了解和掌握学生在 MOOC 平台上学习的情况。这种面向学生的学习过程、强大的课程交互，创造了学生头脑风暴的环境，不但能够激发学生的好奇心，而且同伴之间的相互讨论、交流也能够不断碰撞出新的思维的火花，给学生以新的启发。

（2）自制 MOOC 式视频资源利用

MOOC 的特点是课程视频的制作都是集体智慧和努力的结晶，课程内容也都是与时俱进的，非常符合当下的流行趋势，并且也具有广泛的适用性，能够实现资源的重复利用。在一些公共的课堂，其中一些概念性的东西完全可以制作出像 MOOC 一样的视频课程，这样不但可以实现课程资源的重复利用，避免教师总是重复一样的内容，而且也减轻了教师的工作量，使得教师能够把更多的时间用于学生的个体发展方面。

（3）教学课件的利用

通过 MOOC 平台，校内的 MOOC 式视频资源的学习，学生们获得了大量的知识，进行了预先的知识的学习以及思考，但是由于学生知识结构的不完整性以及思维层面的浅显性，必然会有许多感到困惑的知识点，通过教师在课堂上的集中讲解，利用教材进行思维的梳理，学生才能真正将学习的内容消化、吸收，再内化为知识体系的一部分。在课堂中让学生发表他们对于自己所学内容的见解，一方面可以培养学生的思辨性，另一方面也可以了解到学生真正的掌握情况，这样教师在进行任务布置的时会有恰当的控制，在下次备课的时教师也会有针对性的精细课程。

（4）其他平台资源的使用

现在有很多平台上的资源也都非常具有价值，例如网易课程，虽然视频内容比较长，但是还是可以截取一部分来为课堂教学服务；还有高职院校微课比赛平台，该平台上都是教师精心制作的课程，对于其中一些概念性的课程知识，我们完全可以使用之，这样既减轻了教师的工作量，使得教师能够有更多的时间专注于学生的个体发展，又可以物尽其用。

2.学习环境的混合

学习环境的混合：虚拟学习环境 + 非虚拟学习环境。

虚拟环境与实体环境的混合也是课内正式学习与课外非正式学习的混合，此模式将学习的一些环节延伸到课外进行，弥补课堂教学时间有限的缺憾，学生通过课外的非正式学习来了解与学习内容有关的知识，并通过课外知识的补充来提高对于课堂知识的理解力。课外非正式学习成为课内正式学习的有益补充，学生既能做到课前的充分准备，又能在课后进行更高层次的学习。此模式打破传统教学方式中将重点只放在课堂上的弊端，实现虚拟环境与非虚拟环境并重，利用一切可利用的环境，为提高学习的有效性服务，而学习的有效性的提高又可以反过来提高学生的学习积极性。

（1）虚拟学习环境

由于网络技术的不断更新，以及教育理念的不断发展，将最新的理念与最新的技术结合已经成为可能。虚拟学习环境的开放性、包容性、多样性能够为学生提供更多、更好的知识。在虚拟环境中，我们可以实现线上学习、线上协作、线上答疑、线上测试以及线上反馈。在课程内容之外，教师还可以提供帮助学生理解和掌握知识的扩展性资源，帮助学生学习新观点、新思想，得到新启示。学生无论何时、何地有任何疑问，都可以在微信平台中提出来，而不用局限于课堂之中，既可以在微信群中与其他学生进行讨论学习，也可以单独私信给教师，让教师答疑解惑。同时，学生的学习情况既可以通过 MOOC 平台的测验得以实现和反馈，也可以通过教师设置的任务来进行检验。对于学生的学习情况也可以通过同伴评价、师生评价等方式给予及时有效地反馈。

（2）非虚拟学习环境

非虚拟学习环境既包括教师的课堂授课，也包括学生的自我学习。在非虚拟环境中，学生能够根据自身需求制订学习计划、创建适合自己的学习环境，同时教师的课堂授课还为其提供了一定的方向性和指导性。由于学生本身知识结构是不完整的，在学习的过程中必然会遇到很多困难，虽然 MOOC 平台上有论坛，但是一方面由于回答的非即时性，教师无法立刻为学生进行答疑解惑，学生在信息发出与信息回馈之间等待的时间较长，效果相对非延时性的回答要弱一些。另外，论坛中的回答也是就问题回答问题，只是浅层面地回答了学生的问题，对于一些思维性的、思想性的东西无法做出良好的指导和反馈。实体学习环境能够给学生提供相应的指导，使学生产生归属感，使学生在学习的过程中，在遇到困难的时候能够获得相应的帮助。

3. 学习方式的混合

学习方式的混合：自主学习＋协作式学习。

课堂教学阶段既要发挥教师主导作用，又要充分体现学生的认知主体作用。在知识的传授的过程中，教师是指导者和组织者，通过支架式教学策略逐步引导学生从浅层的知识学习过渡到深层的知识的习得，并让学生通过自主性思考学习与同伴间的讨论、探究、协作等方式逐步掌握学习策略。

（1）自主学习

自主学习是学生最常使用的一种学习方式，不管是在虚拟学习环境还是非虚拟学习环境，发挥自己的主观能动性，进行独立思考、独立规划，对于学习内容以及学习方式作出有效的决策，对于自己的学习生活担负起责任，在学习过程中根据学习情况进行自我反思、自我调节，争取效果最大化以及效率最高化地实现既定的目标，这也是学生形成终身学习能力的关键。

（2）协作式学习

在非虚拟环境中，学生间的协作式学习是很重要的一种方式，很多任务单靠学生一个人的力量是无法完成的，需要同伴的协作与支持。另外，网络环境本身就具有交互性、资源共享性等特点。网络的交互性决定了协作学习的必然性，而网络的交互与反馈又是实现协作学习的必要条件。在

MOOC 课程中课后的论坛讨论就是协作学习的一种表现方式，学生利用网络与同伴间进行思维的碰撞，然后对信息资源进行整合，最后形成对知识的意义构建。

4. 评价方式的混合

评价方式的混合：诊断性评价 + 形成性评价 + 总结性评价。

（1）诊断性评价

在授课之前对学生的学习基础、学习习惯与学习能力进行了解，再根据学生的情况采取相应的教学措施，因材施教，因势利导。

（2）形成性评价

在教学过程中，对学生的学习成果采取相应的评价。发现学生的潜在能力，强化学生的学习，并为教师提供反馈。教育实践的经验表明，形成性评价的使用，可以让教师和学生有效地利用这些信息，根据需要采用适当的措施进行修饰，能够使教学成为一个"自我纠正系统"。

（3）总结性评价

在一个学习阶段结束后，进行总结性评价。一方面，方便学生了解该阶段自己的学习情况以及学习效果，为学生反思、提高提供平台，另一方面，也方便教师了解自己的教学情况，进行不断的改进和提高。

（三）实施步骤

1. 感性接触阶段

在进行深入学习之前，让学生有一个感性的接触，帮助其在进行深度思考之前建立相应的关系连接，有助于后期学生对于知识的内化以及运用。MOOC 平台的课程，不管是手机还是电脑，视频观看都很方便，内容丰富，时间较短，是课前预习较好的选择。如果其平台上有可以直接运用的视频则可以直接运用，既节约了教师的时间和精力，也开阔了学生的眼界。如果没有适合的内容，教师可以利用学校现有的资源进行视频内容的制作，传到相应的中介平台，由学生进行下载观看。这样，在教授其他班级的时候，同样的视频资源可以实现重复利用，一举两得。同时，也为下一阶段课堂中教师的因材施教、师生间和生生间的协作、互动打下基础。

观看视频是预先建立知识的联系，但是，学生是感性动物，不是机器，学生在学习的过程中必然会遇到一些问题。当然，这些问题如果由学生在课堂中进行提出，每个学生遇到的问题点也不一样，无疑会耽误课堂进度，这也是对已经掌握知识点学生的时间的浪费，课堂的效率也会大打折扣。并且，非延时性的回答，即刻解决学生的疑惑也有助于解决学生思维的障碍，进行下一个知识点的有效学习。因此我们还需要找一个中介平台，即能够进行点对点，或者点对面的沟通的工具，当学生遇到问题的时候可以向教师及时求助，我们可以选择现在应用最为广泛的微信作为交流沟通、布置任务的工具。

（1）教师的行为

在课前预习阶段，教师是学生的引导者，引导学生对将要讲授的内容进行预先的接触、了解，为后期的深度学习做好准备。在此基础上，教师要了解学生的最近发展区，为后期的因材施教提供依据。

①创设情境，激发学习兴趣

教师事先为学生创设固定的学习情境，提前引导学生进入情境，也为课堂上进行逻辑思维等方面的深度学习提供依据，争取更多的时间。教师提前将 MOOC 平台上适合学生学习的内容挑选出来，根据 MOOC 平台的特色，设计针对课程的学习任务单，让学生以学习任务单为引导进行相应的学习。这样既增强了学习内容的丰富性，又提高了学习的多样性，使得学习变成一件有趣的事情，让学生由被动变为主动。学生对学习内容的预先消化，提前让学生进入所学习的知识的讨论中，也会增强学生的学习自信心，更愿意投入到后续内容的学习中来。

②了解学生特征，确定最近发展区

MOOC 平台的一大优势就是可以通过后台的数据了解学生在此课程中

的学习以及掌握的情况。另外，在用微信与学生的互动、沟通过程中，教师也能够大致了解学生在该次内容学习过程中最多的困惑点以及障碍点，从而来确定学生个体的最近发展区，为课堂教学的分层教学提供依据，同时也设计出能够激发学生兴趣、调动学生积极性的教学方案。

（2）学生的行为

学生是学习活动中的主体，一切教学活动设计的目的都是最大程度地提高教学效率，以最简单的方式帮助学生获得知识、培养能力。不管是教师在MOOC平台挑选的视频课程，还是由教师自制的视频课程，学习消化的主体都是学生，他们的配合才是实施一切教学活动的根源。

①自主预习

知识的内化是内部知识体系建立关系的过程，学生只有将所习得的新知识与旧有的知识体系相衔接，下意识地将所获得的信息组织起来，形成初步印象，进入了情境，才能将知识进行内化。不管是MOOC的课程，还是自制的课程，学生的自主预习都是一种建立认知地图的过程，激活已有的相关的背景知识，从而促进对于新知识的学习，而且随着泛在学习的推进，学习愈发变成一件随时可以进行的活动。

②与同伴进行协商讨论

与同伴讨论的过程，也是梳理思路以及将知识外化的过程，教师为学生建立的微信群，很好地充当了这一沟通的桥梁。在讨论的过程中，也解剖了知识的结构，理清了知识的脉络，锻炼了逻辑思维。同时在讨论的过程中，学生间也可以了解别的同学的思维方式以及学习方式，可以进行取长补短的学习。

③活动设计

探究性任务：探究性的任务的答案不是唯一的，学生通过自主学习和彼此合作实现对具体主题的探讨，在探讨的过程中加深对问题的思考，这样的方式有利于培养学生的创新精神和发散性思维。

2.理性分析阶段

在传统的课堂中，大多是以教师讲授为主，学生只是处于被动的地位。学生理解的情况如何、运用情况如何却无法知晓，即便由考试来测试，考试覆盖的知识点也不全面，试卷的质量也无法评估，另外，学生是本身掌握了还是只是猜对了也无从知晓。所以在课堂中，我们可以设置一些协作完成式任务，让学生深入掌握所学的知识，并且形成独立运用知识的能力。

在教学环节中，学习的过程是学生自我构建、自我生成的过程，这样的过程是别人无法取代的。教师的作用就是设计活动、提供资源，在学生加工处理知识的过程中发挥引导性作用。

（1）教师讲授新知

在感性接触阶段，学生已经建立了初步的知识准备，对于一些高阶思维方面的知识，还需要教师进行更进一步的详细的讲解和梳理，教师可以通过设置一些活动把抽象的知识具象化、把具象的东西演绎化，使学生对于知识形成抽丝剥茧式的认识。

（2）设置互动活动，建立新知

学生在团体中学习的时候，由于氛围的轻松性、彼此间的熟悉性，反而愿意暴露自己的问题。通过小组分配、组间合作，设置学习任务，是帮助学生建立新知的一种有效的方式。教师可以根据学生知识掌握情况，将其进行小组划分：也可以根据学生性格进行组合，或者由学生自行组合。设置捆绑式任务，学生的成绩由小组完成情况而决定，一个小组就是一个整体，任何一个人都不能掉队，学习快的帮助学习慢的，合作式的完成任务，既帮助学生建立新知，又锻炼了他们的合作能力。

（3）活动设计

集体决策任务：小组成员之间通过沟通和交流，陈述可能做出的决定与决策依据，最后大家经过分析讨论达成共识、做出决策。这样的一个任务执行的过程，也是大家梳理思路，内化同时外化知识，提高逻辑思维能力、说服力的一个过程。

协作完成式任务：学生间通过合作，以最优化和效果最大化的形式进行任务分配，这也是培养学生领导能力和执行能力的有效方式。同时，学生在任务执行的过程中，不但学到的知识得以立刻运用，而且也检验了已经学到的知识体系是否还有漏洞存在。并且，在执行任务的过程中，学生间相互帮助，克服困难，极大程度地增强了学生的团队合作能力和互助意识。

3.综合运用阶段

学生通过课前的感性接触和课堂中的理性分析已经形成了初步的知识建构，而学生内化程度如何，是否能够将内化的知识外化还需检测，传统的方式会通过考试来测试或者评定学生学习的情况，但是这种方式的弊端是测试是一种延时性的检测反馈，每个学生的知识漏洞不一样，学习的特征情况也不一样，所以我们可以设置一些任务，用任务来提供知识外化的机会；同时将课堂中的内容进行上传，学生不懂的地方可以自己再去学习。

（1）教师的工作

①引导工作

学生的学习最重要的还是要能够发挥主观能动性，课后，教师通过设置一些任务，引导学生对所学习的知识进行学以致用，也就是在知识外化的过程中发现自己的不足。

②指导工作

任务设置让学生发现自己知识的漏洞并不是最终的目的，最终的目的是希望学生能够掌握知识，将漏洞补上，所以在课后，还需要搭建一个平台，让学生与教师及时联系，以便答疑解惑。

③监督工作

既要有任务设置，又要有任务完成情况的检查，我们不可能再利用有限的课堂时间检查学生的完成情况，因此只能借助一些平台，通过数据的分析或者学生任务执行情况的发送来进行监督。

（2）学生的活动

①拓展性学习

在课堂中，不管是知识的深度还是宽度都是有限的，真正的学习其实是发生在课程结束之后。不管是知识的内化还是外化，学生可以通过完成教师设置的任务检查自己学习的情况，也可以通过其他的一些平台进行拓展性的学习。

②自主探究学习

课后，教师通过布置需要独立探究的任务，为学生将课堂所学知识运用到真实的情境中提供实践机会，以便学生了解自己的欠缺，实现查漏补缺。

（3）活动的设计

将学习延伸到课外，教师的监督与指导是很重要的一环，而激发出学生的自主性、协作性、讨论欲与探究欲才是学习行为得以持续的根本。一方面任务设置给予学生方向性的引导，另一方面任务的完成也会激发出学生的成就感，在本阶段可以设置学生自主探究式任务。

四、基于 MOOC 的混合式教学模式的实施

（一）实施对象

在很多大学，大学生心理健康课程都是在大学一年级的时候教授，因此，选取某校 2015 级的教育科学与技术学院的学生作为实践主体。授课形式为四个班的合班授课，一个大班人数为 120 人。

（二）实施条件

1. 技术环境

该模式充分考虑了学生在课前预习阶段与课后复习阶段在学习时间与学习地点方面的便捷性的问题。在技术环境方面，选择了目前发展阶段最适合学生的学习平台，为学生能够频繁地接触到与课堂内容有关的知识而做了铺

垫工作，也为课堂当中发挥学生的学习主动性和教师的因材施教奠定基础。

（1）MOOC 平台

MOOC 平台上的课程也是一个完整的教学结构，以"情境创设—自主探究—交流分享—创新提高"的模式运行。首先，教学者会在 MOOC 平台发布教学大纲、基础性的阅读材料、学习任务单，以及视频资料，由学生自行选择学习内容，结合自身知识体系进行深度加工，并且以作业的形式呈现在 MOOC 平台中。其次，学生还可以通过 MOOC 平台所使用的社交媒体与其他学生相关联，建立与自己密切相关的学习网络，从而促进交互活动的实现。最后，学生根据与教师及其他学生的交互过程发现自己的不足并改进，将新生成的观点与旧有的观点相生相融。

（2）爱课程平台

每次的课堂当中都会有固定的主题，在课前让学生预先接触到这些知识，是预先构建相应的知识体系。爱课程平台是国内的一个 MOOC 发展平台，它既可以作为资源获取的平台，同时也是一个学习型社区，学生们注册爱课程平台之后，可以相互加为好友，彼此可以看到对方最近学习的内容，还可以进行彼此分享。教师也可以在该平台上帮学生预先筛选出合适学生学习主题的内容，作为学生课前或者课后的补充学习材料。

（3）微信群

微信作为便携式的交流的工具，为师生、生生之间在课外的沟通提供了便利；另外，在此过程中，微信也为教师给予学生形成性评价、诊断性评价等反馈提供了途径。建立一个班级微信群，统一告知学生课程下载地址、内容以及需要完成的任务，既方便了教师也方便了学生。学生有任何疑问还可以在微信群中提出，学生之间即可以相互帮助进行回答；对于学生都不知道的问题，则可以由教师负责统一回答，微信群中轻松愉快的氛围有助于学生畅所欲言，也更方便教师了解学生学习的情况。

2.学习内容与资源

在 MOOC 平台中，有很多与心理学相关课程视频，但是大部分课程是全英文授课，考虑到学生的英语水平以及接受程度，课程中选取了南大陈昌凯教授讲授的心理学与生活中的一节。

3. 评价工具

评价一般分为诊断性评价、形成性评价以及总结性评价。诊断性评价的使用在教学开始前对学生的准备情况做出的鉴定，为后期教学能够顺畅有效而做出的评价。形成性评价的运用目的是了解学生对于知识的掌握情况以及能力的发展情况，它是基于对学生学习全过程的考察而做出的发展性评价，目的是帮助学生调整自己的状态，增强自信，获得成就感。总结性评价是对预设的教学目标的达成程度以及教学效果的评价。在本次的实践中，各种评价量表的使用，就是为了运用各种评价方式，达到因材施教的目的，实现学生自身的发展，达成预期的教学效果。

（1）课前预习自我评价量表

形成性评价可以成为激励学生学习的动力，在学习过程中，自我效能感是非常重要而有效的情感体验，它能够极大程度地激发出学生的学习热情，不管是教师评价还是学生互评，给予学生及时有效的评价，都能够有效激发学生自我完善的内在驱动力以及深入研究的内在动机性，提高其学习的效率，增强其学习的效果。因此，在课前、课中针对不同的情况设计不同的量表，将形成性评价外在化和客观化。

在本次设计的课前评价中，将自我评价与同伴评价相结合，改变传统的"以分数论英雄""教师说了算"的方式，让其成为评价的主体和积极的参与者，自己对自己的学习方式、学习内容、学习效果进行深刻反思，学会分析自己的优势与不足，从而端正学习态度、明确学习方向、调整学习进程、改变学习策略，找到适合自己的学习路径。这也是对学生高阶思维能力训练的一种方式，对提高教学质量有着非常重要的作用。同时教师也能够通过学生的自我评价量表，同伴评价量表的反馈情况，判断学生在该节主题上的学习困难点，从而及时修改教学内容，选用适当的教学方式，调整教学设计，在课前就让教师掌握教学反思与调控的主动权。

（2）同伴互评量表

在课前预习阶段，学生会有需要合作完成的任务，在协作完成任务的过程中，由于同伴身份的一致性，学生会以最自然、最放松的状态呈现，同伴之间也最能够了解彼此在合作过程中所做的贡献及其成长情况。教师则可以通过同伴评价量表的打分情况，了解各个学生在课前的预习情况、投入程度，并且，教师还可以在一次主题课程结束之后，将评价量表发放给对应的学生，让其了解在其他同学眼中他在小组合作过程中的表现，对于表现好的学生是一种积极的激励，对于表现一般的学生则会刺激其在下次活动开展过程中能够有更好的表现。

（3）学生版课堂表现评价量表

在基于 MOOC 的混合式的教学模式中，在课堂环节，我们也运用了学生评价量表。学生间的评价从一个横向的角度实现了学生彼此间的考察、了解和评价，在评价同伴的过程中，也能够刺激到评价主体本身，从而引发其对于自身的反思与考量。当学生知道教师在对自己的课堂表现进行评分的时候，学生的表现也会更加积极，同时通过互动活动的开展，了解学生的性格特点、学习弱点，也方便教师实施个性化教学，学生的心理发展本身就是一个动态的过程，教师有时也难以把握是否实现了预期的教学目标，但是通过互动评价的过程，以及生生间的评价、反馈，就能有一个比较全面而详细的了解，这样也方便其在课后根据学生课堂上的表现情况，进行学生个性化的辅导，以及教学内容等方面的调整。

（4）教师版课堂表现评价量表

在课堂教学中，教师对于师生互动以及生生互动的情况针对每个学生给予单独的评价，既避免了挫伤学生的自尊心，又能使学生对自己在课堂上的表现有一个了解，从而促使其形成对自己学习的反思。根据动机理论可知，从外部动机来源来看，每个学生都有自我提高内驱力、附属内驱力，都希望能够获得同伴、家长，以及教师的认可和赞许。教师在将评价量表用微信发放给每个学生的过程中，能够针对学生的情况进行个性化的沟通，对于表现突出者给予肯定，还可以提供额外的学习链接资源，帮助其进行更深层次的学习。而对于表现一般的学生，则以鼓励的方式，以委婉的方式告诉他问题所在，帮助其改正，与其一起成长。

（三）实施过程

1. 课前

课前阶段，教师担当的是引导者的角色，是学生的引路人。一方面，引导学生学习适当的资源，为课堂的后续学习奠定基础；另一方面，要确定学生的最近发展区，通过与学生的沟通、交流，以及评价手段的反馈等方式，为课堂能够因材施教做好准备。

（1）发布 MOOC 平台的视频链接

教师将 MOOC 平台上的心理学与生活的链接传到微信群中，由学生自主下载学习。

由于学习该视频内容的时候，课程已经结课，学生无法再在课程的论坛内与其他学生进行互动性学习，但是课程中所提供的测试题还是可以做，并且该测试题也可以作为教师检查学生预习情况的一种手段。

（2）组建微信群组

以班级为单位建立一个班级群，以小组为单位，建立小组群。各组角色分担为：组长、总结与汇报员、记录员、资料搜集员。微信是目前学生应用最为广泛的一种方式，教师可以借此实现公共信息的发送，可以减轻教师的工作量，学生有任何疑问都可以在微信群中提出，由师生来共同解答。

（3）发布自主学习任务单

教师在各微信群中同步发放自主学习任务单，任务单的内容包括学习内容，以及需要完成的自主学习任务、合作学习任务等。任务单的发放一方面给学生的课前预习提供了方向，给学生以明确的学习思路，另一方面也是对学习过程的监督以及学习效果的检测，让学生带着问题去学习，刺激其探索欲和求知欲，从而引发其深度思考。

（4）发放课前预习自我评价量表

教师在布置自主学习任务的同时，将课前预习自我评价量表一起发放，学生在预习完之后，将答案与量表一起提交给组长，由组长统一反馈给教师。自我评价量表的使用目的是让学生实现对自我学习的过程性的监督，根据学习动机理论可知，学生有内部的和外部的学习动机之分，自我评价量表的发放可以激发出学生的好奇心，从而激发出学生的认知驱动力。同时，将诊断性评价的权利交到学生手中，使学生成为对自己评价的掌控者，在此压力下学生会更有动力参照评价量表最大程度地投入其中进行资料的预习。

在整个执行的过程中，学生对这种方式都有着浓厚的兴趣，都积极地参照自我评价量表给自己打分，完成之后立刻反馈给了组长，由组长整理统一反馈给教师，这样一种方式的实施达到了课堂之外的教师监督的功效。同时，在这样的过程中，各小组组长的组织能力和沟通能力也同时得到了锻炼，并且还与其他教师加深了感情，所以在每次的课程主题中，可以实行组长轮流制，争取让每一位教师都能有这样锻炼的机会。每个班级被划分为 5 个小组，教师根据各个小组的反馈情况，总结学生学习的薄弱点和困难点，在课堂上进行重点讲解、重点点评。

（5）各小组成员反馈课前自主预习情况

我们在提供视频资源的同时，还针对视频内容提出了相应的问题。问题的设置一方面是对于学生学习情况的监督，另一方面，也方便教师了解和掌握学生学习的情况，以针对学生预习的情况，改进后期课堂的教学内容。学生在看完视频之后，立刻将任务完成情况汇报给各组组长，由组长整理、汇报给教师，教师根据各个学生的答案可以判断其是否认真预习、是否对需要掌握的知识点有清楚的了解，同时也方便教师后期根据学生的性格特点以及知识掌握情况，对学生实施个性化的教学。

（6）设置课前小组任务协作

基于 MOOC 的混合式教学模式，不但要在知识维度实现预期的教学目标，而且要在能力维度和情感、价值观维度帮助学生成长，小组合作任务的设置，既可以实现小组成员的沟通能力、协作能力的沟通，同时又加深了小组成员之间的情感沟通。大学生本处于一个世界观、人生观、价值观都正在形成的阶段，这个阶段可以借助学生之间的彼此影响性帮助其树立正确的观念，培养积极的情感。以班级为单位，进行小组任务设置，同一个班级的各个小组设置相同的任务，但是各组需要提交各自的任务的探讨情况以及完成情况。

（7）发放小组合作评价量表

学生的学习过程不是简单的接受的过程，而是对外部信息的主动选择并且进行内部加工处理的过程。这是一个自我成长的过程，也是一种由内而外的生成过程，这样的过程是他人无法取代的。学生间的互动，不仅能够激发学生的学习兴趣和热情，而且有着相互监督和激励的效果，小组内的探讨、协作也能够彼此激发灵感。这样的方式既培养了学生的探究能力，又培养了学生的合作能力，并且使用评价量表给同伴打分的过程也是自我反思的过程，也会激发出实现自身更好发展的内在动力。

（8）各组协作任务结果反馈

各组根据本组接到的任务，针对问题，各抒己见，发表对问题的看法。在讨论的过程中，必然会有不一致的意见，如何求同存异，达成一个大家都能满意、大家都能接受的答案，也是对于各组成员合作能力的一个考验。同时，讨论问题过程，也是学生之间思维碰撞的过程，彼此都能够从对方的回答中找到自己的不足之处。并且每个人的切入点不同、思路不同，答案也就会不同。多种思路,多种考虑方式,能够实现彼此间很好的互动和促进,而且发言的过程,也是梳理思路的过程,能够很好地锻炼学生的逻辑思维能力。由于教师也在每一个微信群的小组中,教师可以全程看到学生的讨论情况,在讨论的过程中了解学生的人生观,针对有问题的学生给予单独辅导。各组组长将本组内的合作情况进行整理、统计、汇报给教师的同时,也锻炼了自己的总结、归纳能力。

（9）组间评价

基于MOOC的混合式教学模式,不但是在小组内部设计了合作内容,而且在组与组之间提供了协作的机会。在各组讨论结束后,将各小组的答案发布到大群中,各小组选取一个小组的答案进行讨论、评价,实现组与组之间的协作、交流。这种方式的使用,更加锻炼了学生的批判思维和发散思维以及创新思维,对其他组的合作内容进行点评,不仅需要发现对方的优点,更需要发现对方的不足,从而进行补充,因此它更需要学生能够有创新型思维和丰富的知识底蕴。当各小组作为一个集体的时候,组内的凝聚力就会达到最高点,小组成员会齐心协力,努力希望自己所在的组能够表现得最好,从而也会激发出学生的集体荣誉感。

2.课内

（1）课堂表现量表发放

在课堂中,由于时间的限制,教师不可能让每一个学生都有机会发言,从而对其点评;由于精力的限制,教师也无法照顾到每一个学生。设计课堂表现评价量表,由教师和学生共同对学生的上课表现情况进行诊断性评价,则为学生之间的相互评价提供依据,每一个人都有获得别人肯定的期待,都希望在别人评价的量表中,自己是优秀的,这种附属内驱力会驱使学生为了获得好的评价而认真投入到课堂之中。

（2）课堂讲授

由于课前任务的设置,学生已经预先构建了初步的基础知识,也对该课程主题有了一定的思考，在课堂的教学过程中，教师可以使用引导式的教学方式激发学生进一步探索的兴趣和热情。

3. 课后

（1）补充性资源

① Coursera 平台资源

在 Coursera 平台上有着许多适合学生作为补充性资源学习的课程，例如由卫斯连大学推出的社会心理学课程、由南京大学推出的心理学与健康、爱丁堡大学推出的心理健康：全球优先事物等课程。这些课程从不同角度对于心理健康进行了解读，对于开阔学生的视野、帮助学生加深对心理健康知识的深刻理解有很大的帮助，为那些有兴趣深入学习的学生提供了资源，并且这些资源现在都可以在手机里操作，学生任何时间点想学习都可以进行学习，也是对于学生泛在学习的一种推进。

②爱课程平台资源

在爱课程平台中，关于大学生心理健康的内容非常丰富，有华东师范大学制作的"诠释社会，解读生活——社会心理学"、北京理工大学制作的"心理学与生活—当代社会心理热点问题"、南开大学制作的"心理学与生活"等等，这些课程资源或从理论层面，或者从生活层面，对于关系到当代青年健康成长的心理学问题进行了深刻的剖析，由浅入深带领学生探索心理健康领域。

③自制的视频资源

除了解读失恋这一视频课程，我们还对其他专题也进行了制作，由学生下载学习，包括心理创伤、心理问题的隐藏性、健康标准、心理咨询，将这些视频课程发布到了爱课程平台中，学生通过网址链接可以直接观看，我们可以从后台的数据了解学生的学习情况，实现对学生课后学习的监督。

（2）任务发布

将 Coursera 平台以及爱课程平台当中适合学生学习的课程资源的网址

链接、上课形式、课程内容在微信群组中做简单介绍，由学生根据自己的情况选择适合自己的课程进行深入学习。将自制的视频课程作为必修类课程，但是学习时间由学生自行决定，学生有任何问题都可以在微信中与教师交流，自制视频资源看完之后，每个人需要提交一份关于自己的心理成长报告。

（3）监督指导

学生学习过程中必然会遇到一些自己无法解决的问题，教师定期在微信群中与学生交流，了解学生的学习情况，给予及时点拨和指导，同时可以通过后台数据了解学生学习的情况。

（4）学习反馈

每个学生根据课前小组活动的讨论内容、课堂中教师的讲授内容、课后的各种学习资源的补充学习，尤其是自制的大学生心理健康的相关视频资源，结合自身经验制作一份与自身实际相结合的心理健康的成长报告，报告形式不限，内容也不限，这种主观性的试题更能够显示出学生对于理论的掌握情况与运用情况。

（四）实施效果

1. 满意度

对于尝试之后，是否愿意继续使用基于 MOOC 的混合式教学模式，64% 的学生表示非常愿意继续采用该模式；仅有 5 名学生表示不愿意继续采用这种模式的教学；29 名学生表示愿意；有 4 名学生表示犹豫，怕自己无法适应。由此可见，基于 MOOC 的混合式的教学模式受到了大多数学生的欢迎。

2. 参与度

微信虽然在学生群体当中已经普及，但是将其作为学习交互的平台工具还是新的尝试，有 66% 的学生愿意用群聊的方式与教师交流，有 47% 的学生表示他们倾向于用私信的方式与其他同学以及教师进行互动，其中有 7% 的人表示愿意将自己的朋友圈向教师开放，通过朋友圈来与教师进行交流。总体而言，大家还是非常认可这样的交互方式的。但是微信也有其局限性，在使用的过程中有 42% 的学生认为由于资料、视频等传输的不便利性会阻碍其与其他同学的交互；19% 的学生认为，微信的娱乐性较强，打开微信就想刷朋友圈、与其他朋友聊天，会降低其学习效率；22% 的学生表示由于手机的界面较小，内容篇幅会受限制，会降低其使用的积极性。针对这些情况，在混合工具的使用方面需要进一步完善。

对于将 MOOC 平台上的资源预先筛选出来，作为学生课前预习的资料，学生表示这样的方式不但提供了新的资源学习的平台，而且也丰富了教学的形式，激发了学生对于本门课程学习的兴趣，打破了之前枯燥的说教，预先激发出学生对于该课程的好奇心，刺激了其自主探究的欲望，因此学生在课堂中也会更加投入、更加认真地与教师互动。

3. 学习资源评价

在学习资源方面，44% 的学生都喜欢教师提供视频类的教程，17% 和 15% 的学生喜欢教师提供课件、教案以及相关网站，15% 的学生喜欢教师提供参考书籍类的学习资源。对于本次课程当中提供的两个视频资源以及学习网站，大部分学生表示这样的教学形式新颖，教学过程深入浅出、形象生动、趣味性和启发性强，而且重点突出、逻辑性强、明了易懂、教学思路明确，从理论和实际两个层面呈现，给了他们感性以及理性的认识。

混合式教学模式的实施过程中，资源是学习非常重要的一部分，而资源筛选是一件费时、费力的事情，因此，有 77% 的学生觉得教师在这方面承担了重要的角色；60% 的学生觉得在混合式教学模式中，教师对于学生学习方法的指导以及与学生的情感也是十分重要的；只有 21% 的学生觉得面授知识在混合式教学中是重要的。而关于在课前预习的过程中提供的任务问题，59% 的学生觉得两个刚好适中；还有 31% 的学生觉得 1 个比较合适，也不会增加预习负担；有大约 10 个人认为从预习效果最大化的角度来考虑，3 个任务的设置较为适中。由此可见，为了提高预习的效果，任务的设置还是十分有必要的。

4. 学习困难

当然，混合式教学模式还存在着各种各样的问题，其中，50% 学生认为混合式教学存在的最大的问题就是耗时长。由于增加了课前预习的环节，将课堂的时间无形中进行了延长，学生觉得增加了其负担；还有 36% 的学生觉得，这样一种模式有可能会造成效率降低；还有 22% 的学生认为这样的模式对于条件的要求也会比较高，必须要智能手机才能实现在手机上对于课程学习的操作；如果没有手机就需要电脑，同时网络还需要流畅，外部的干扰因素非常多。这些都是改进混合式教学模式需要考的因素。

5. 综合评价

在课程实施的最后，我们从利用手机学习能力方面、基础知识的记忆与表达方面、分析解决问题能力方面、自主学习能力方面、反思能力方面、学习兴趣和学习动机方面，以及班级归属感等方面进行了调查。调查结果如下：93% 的学生表示，这种教学模式对提高利用手机学习的能力有帮助；70% 的学生认为，通过本课程的学习，他们的基础知识的记忆与表达能力方面有了提高；88% 的学生表示自己的分析、解决问题的能力得到了提升；91% 的学生认为本课程对激发他们的学习兴趣和学习动机起到了积极作用。

对于本次针对大学生心理健康课程的实验效果，从学习活动的安排的丰富程度、课堂教学与在线学习的安排、小组协作、问题解决、交互交流等方面进行了调查，94% 的学生认为这次的教学活动内容丰富，将团队合作、在线讨论、自主学习等进行了很好的安排；89% 的人认为此次教学活动将课堂与在线结合得非常好，学生间的协作学习使得在遇到问题的时候能够得到很好的解决，并且在线学习的过程也能够和其他学生进行深入交流和活动，这样的交流也是非常有意义的。

（五）反思

1. 结论

根据本次的实践可知，基于 MOOC 的混合式教学模式能够达到很好的教学效果，它突破了传统教学模式片面地将教学目标局限于知识获得方面的缺陷，学生的能力以及情感方面都能够有相应的提升。

（1）知识维度

第一，解决了存在而不知的问题。在如今的信息时代的背景下，要跟上时代节奏，就需要不断地更新自己的知识储备，我们的学生目前的学习方式还是以教材为主，且都是在教师的带领之下学习，自主发现新知识的能力不足，自主学习新知识的能力更是有待提高；另外，互联网上的资源虽然非常丰富，寻找到优质资源却需要花费很多的时间和精力。基于MOOC的混合式教学模式将国外的资源融合在了课堂之中，开阔了学生的视野，让学生意识到在课堂之外还有更丰富的可学习的资源。

第二，解决了知道而学不到的问题。MOOC三大平台的网站服务器都在国外，国内学生在观看视频的过程中会因为学校网速的问题而导致视频播放不顺畅，从而影响观看效率和效果。教师根据需要可以选择提前将视频下载好，传到国内的服务器平台中，方便学生的学习。

第三，解决了学而不深的问题。虽然很多学生有时候会因为感兴趣或者好奇而注册MOOC课程，但是由于学习动机不足、自控力不强，很多学生会半途而废，更不用说深入思考、深入学习，这也是MOOC高退学率的重要原因。将MOOC融于课程当中，在教师的引导之下，师生共同学习，用过程性监督、结果性监督、情感鼓励等方式，使得学习成为一个完整的过程，而不再是一时兴起，更让深度思考、深度学习成为可能。本次通过大学生心理健康课程，实施了基于MOOC的混合式教学模式，很多学生都反映，正是因为这次课程的实施才知道了MOOC，也才知道原来在这个平台上有如此丰富的学习资源，有些学生根据自己的兴趣还选修了MOOC平台中的课程。

（2）能力维度

第一，实现了合作能力的培养。能力的培养需要情境的创设，是在情境性的过程中实现和完成的，在 MOOC 平台中单靠人机互动是无法实现的。不管是在单纯的 MOOC 课堂中，还是在传统课堂中，学习的重点都是知识的传递和接受。传统课堂由于时间限制、条件限制等因素也无法开展情境性活动，在基于 MOOC 的混合式教学模式之下，将手机移动 APP 微信作为交互平台，搭建了随时沟通的桥梁，为学生间的互助合作提供了便利性的基础，学习活动的时间与空间不再局限于课堂之中，延伸到了课外。在此基础上，教师可以根据情况设置多种活动与任务，并且在条件允许的情况下，关于 MOOC 课程的学习也可以在手机上完成。

第二，实现了沟通能力的培养。在 MOOC 平台中，虽然有问题板块，但是如果学生连接触的机会都没有，或者没有接触的兴趣，那么这样的问题板块的设置对于没有深入学习的学生来说也形同虚设，在传统教学模式中，学生的交流机会本身就少，更不用说沟通能力的培养，但是在基于 MOOC 的混合式教学模式中，课前小组活动任务的设置，对于组长来说，很大程度上锻炼了他的组织能力；而对于小组成员来说，任务的完成，离不开彼此的沟通交流，无形中锻炼了学生的沟通能力，在本次大学生心理健康课程的实践之后，各组的组长都反应在本次的实践活动中，自己的组织能力得到了提升。

第三，实现了探究能力的培养。由于长期的传统教育模式的培养，学生养成了被"喂养"的习惯，只学习"是什么"却不去思考"为什么"和"怎么样"，这样的思维方式明显不利于创造力的形成；基于 MOOC 的混合式教学模式课前学习任务单的设置成为驱使学生主动探究的动力，课后补充学习资料的提供，为学生的探究提供了条件。

第四，技能培养的实现。虽然在本次课程中，我们是以社科类的大学生心理健康课程为例进行实践的，但是这样的课程相较于技能类课程，操作过程更为烦琐，因为结果的无法量化和客观地测量，需要通过过程性的监督来实现。然而，对于技能类的课程来说，课前通过观看视频预先了解动作要领，课中进行实践检验，不明白的地方可以请老教师指导，通过完整的"了解—实践—检测—巩固"的过程，帮助学生实现对技能的熟练掌握。

（3）情感、态度、价值观维度

第一，有利于学生形成积极向上的情感体验。在学习的过程中，成就感是驱使学生学习的重要动力。学生之间通过沟通，了解彼此对于问题的看法，弥补自己在思维上的不足；同时在活动的过程中发现自己的长处，增强自信。第二，有利于师生间的情感交互。根据马斯洛需求理论，情感需求是人的基础的需求，在学习的过程中，教师的鼓励性眼神、鼓励性话语对于激发学生的内在及外在学习动机都有着非常重要的作用，基于MOOC的混合式教学模式，使得学生在课堂之外与教师有了更多交互的机会，使得教师能够真正深入地了解每个学生的情况，再给予针对性的指导，拉近了师生间的距离。第三，有利于生生间的情感交互。活动任务的设置，为学生间的交互提供了更多的机会与平台，学生一起探究知识形成的背后"为什么""怎么样"的问题，不仅锻炼了彼此的合作能力，更加深了同学情谊，形成了更好的班级凝聚力。

2. 深层思考

（1）此次实施过程中的不足之处

为了完善基于MOOC的混合式教学模式，我们多方面调查、了解了学生与教师对此次教学实践的看法，结果发现，大部分学生还是很认可基于MOOC的混合式的教学模式的，他们认为这样的模式帮助他们开阔了眼界，丰富了他们的学习形式，调动了他们的学习积极性，锻炼了他们自主学习的能力。该模式将课程的宽度与深度都进行了拓展，环境的混合拓宽了学习的地理界限，使他们意识到学习是一件可以随时随地进行的事情；资源的混合拓宽了学习的心理界限，使他们知道学习不仅仅存在于书本，书本之外更有广阔的世界；学习方式的混合拓宽了他们学习的形式界限，通过交流，通过合作，可以有更多更有价值的收获；评价方式的混合，使他们从多个角度去发现自己、了解自己。但是，其中还是存在一些问题。

首先，学生满意度的问题。虽然要求百分百满意比较困难，但是从调查中发现，仍有小部分学生并不愿意使用该模式，也有学生因为适应了传统的教学模式而对使用该模式抱着迟疑的心态，怕自己无法适应。学生在主观情感上的抵触会影响到后续在教学活动中的参与度，更会影响其教学效果的实现如何调动所有学生的积极性，让所有学生都能够积极、有热情、有兴趣地投入其中，如何做好前期的筹划以及准备工作，从而将所有学生的积极性都调动起来，是在此次的实施过程中所忽略的问题。

其次，学生参与度的问题。本次使用了微信平台作为学生交互的工具，微信平台是针对手机用户开发的一款社交类 APP，选择其作为本次交互的平台，出发点是希望学生能够随时进行交流。大部分学生表示愿意通过私信、微信圈等方式与教师互动，这些方式也拉近了教师与学生间的距离。但是微信娱乐性强，导致学生分散注意力；手机界面狭小等问题也一定程度上影响了学习效果的实现，而且在本次的实践中考虑到 MOOC 课程的学习需要智能手机才能够实现，所以对于学习工具并没有硬性的要求，可以选择在手机上进行，也可以在电脑上进行。但是学生反映，用手机学习受到的干扰会比较多，一条短信、一个电话都会影响学生学习的连续性。泛在学习的主要媒介方式便是手机，如何阻止干扰、实现学习的连续性和流畅性也是我们后期需要考虑的问题。

最后，任务设置与评价方式的问题。混合式教学模式将课堂延伸到了课前及课后。课前与课后的任务设置，相较于传统模式增加了学生任务量。因此，如何设计任务、时间的把控、任务数量的把控需要根据学生的情况进行科学分析。另外，当学生人数较多的时候，教师几乎很难兼顾到所有小组的合作情况，学习的情况，更不用说每个个体的差异性。因此如何优化教师评价，使教师评价惠及每一个人，在这一方面也还需要改进。并且，同伴间的评价的方式只有评价量表，形式比较单一，评价尚不够立体。

根据学生以及主讲教师所提出的意见与建议，本研究对此提出如下几点改进方案：

第一，通过沟通，打破学生疑虑。学生表示不愿意或者犹豫，一定有着其深层的原因，要转变其想法，改变其态度，必须要了解其症结所在。因此，教师在实施完第一次混合式教学模式之后，可以做一个简单的调查，了解学生对此次教学实践的体验，针对那些体验不好的学生，具体深入了解其原因，并根据教育学理论，当学生产生倦怠心理时，很可能是因为其在学习的过程中遇到了挫折，没有获得相应的成就感。因此，教师要根据具体情况，对症下药，激发学生参与的兴趣和热情。

第二，发挥手机学习功能，调动学生学习热情。微信的语音聊天功能在本次的实践中并没有得到充分发挥，语音功能节省了学生的打字时间，同时将自己心中的疑问通过语音传送更加增强了课堂的真实性，师生间通过语音讨论任务、分析问题、处理问题、加快节奏，从而提升学生的学习效率，手机学习主要就是利用学生的零碎时间，学生可以将课程提前下载到手机上，在有空余时间的时候便可拿出来学习，由于MOOC的课程都非常短，学生在学习的时候可以将手机设置为飞行模式，等学习完之后，再设置为正常模式，这样既实现了时间的高效利用，又学习了知识。

第三，丰富学习方式，完善教师评价以及同伴评价。将小组合作制进行完善，争取使得任务分配均衡化，使得组内的每个成员都能承担相应的责任，锻炼到相应的能力。在课堂中，根据各班的情况进行时间的安排，设置课堂活动，教师要尽量参与到各个小组的讨论学习中，了解学生的学习情况，帮助学生解决困惑。教师如果在课堂上无法顾及所有人，可以利用课前以及课后的活动了解在课堂上没有被照顾到的学生，让每一位学生都感受到教师的关心。同伴间的评价也要突破纸面上的评价量表形式，可以通过定期开展批评与自我批评这样的会议形式，让评价更为客观、真实。

（2）模式推广

在基于MOOC的混合式教学模式实施之后，笔者针对该模式的适用类型在学生中进行了调查，有58%的学生觉得混合式教学模式的学习比较适合语言学习，45%的学生觉得混合式教学模式适合用于艺术学习和社科学习，49%的学生觉得该种模式也适合应用于技术学习，29%的学生认为该种模式适合数理学习，由此可见，基于MOOC的混合式教学模式适用的课程范围比较广泛。

本次基于MOOC的混合式教学模式是以人文社科类的课程为例进行实践。在实践的过程中，该模式还可以应用到其他人文社科类的课程当中。

首先，基于人文社科类课程的内在属性。人文科学包括的学科有：哲、史、文和它衍生出来的艺术学、美学、文化学等等，它侧重研究个人的意识、精神以及观念方面的内容。社会科学包括的学科有政治学、经济学、社会学等等，其侧重研究的是具体个人和个人主观世界对客观世界的反应。但是，社会是由人组成的，正如皮亚杰所说，在实际中，"不可能对它们作出任何本质上的分别"，所有的社会现象"取决的是人的一切特征"，因而，人们都是将它们作为一个整体加以讨论的。人文性、综合性、生活性、实践性、思想性等是人文社科类课程的共同性质，人文社科类注重的是个人的感受和实践性，在实践中的人文社科类课程才能被学生更好地掌握。每个人由于知识结构以及知识基础的差异，对于同样的问题会产生不同的感受和理解，要想学生能够真正深入地掌握人文社科类课程的精髓，仅仅靠教材的有限的内容是远远不够的。同时，学生之前只有通过探讨、协商等方式进行思维上的碰撞，提供不同的思考角度，也为学生深入、全面地认识问题奠定基础。

其次，基于人文社科类课程的目标需求。人文社科类的学科课程设置的目标，从认知层面来说是掌握基础知识，让学生对相关知识有一个基本了解和掌握，而它的高阶目标是实现对学生思维的训练。但是在课堂上，由于时间有限，只能对事实性知识进行传输，课堂师生互动的机会本来就非常少，更无暇顾及学生对于知识背后深层次的思想的理解和运用，更不要说对于学生逻辑思维、分析能力等方面的锻炼。基于 MOOC 的混合式教学模式的使用，在课前让学生对知识有一个基本了解，预先构建了知识体系，经过课前的消化吸收，学生于课堂内容有了基本的了解和掌握，在课堂中，则是对于知识的进一步理解、进一步升华。在课前预习的过程中，学生有任何疑虑都可以在微信群问教师或者单独私信教师，疑虑立刻就能解答，也会激发学生深入学习和探究的兴趣。"思考—提问—解答—再思考"这样一个循环往复的过程，也是学生思维训练的过程。课堂中，师生互动、生生互动，通过小组讨论达成共识，从而实现学生对人文社科类知识体系的掌握的程度。

再次，基于人文社科类课程的教学形式。人文社科类的课程的基本理论是一样的，对于基本理论的教学可以使用已经存在的视频资源，这样既实现了基础知识的教学，又实现了优质资源的共享，同时教师也能够有更多的精力进行深度教学。另外，基于 MOOC 的混合式教学模式，打破了学习的时间边界、地理边界，将课前与课后的时间充分利用。课前活动的设计，促使学生将预习的内容立刻通过实践进行梳理，与此同时，还能够刺激学生对知识体系的本质进行探讨，促进知识的融合，提高其思辨能力。课上，在教师的引领下，学生加深对知识的理解，锻炼对知识的应用能力。课后，系统可以自动统计和分析每位学生的学习时间、与其他同伴的交流情况等学情信息。在这样的条件下，教师通过数据的提取，就可以了解学生对于视频的学习情况、其他资料的访问情况，以及教师布置的作业的完成情况，据此来改进下一步的教学。

第七章　新时代高职院校
移动自主课堂教学模式的构建

第一节　云课堂中师生进入自主学习角色

　　课堂教学改革是实施新课标的重要基点。现代社会要求年轻一代具有较强的社会适应能力，并能从多种渠道获得稳定与不稳定、静止与变化的各种知识。传统的教学模式是教师在课堂上讲课，布置家庭作业，让学生回家练习；而翻转课堂教学模式是学生在教师的指导下，通过积极参与教学实践活动来完成知识的学习。课堂变成了师生之间和学生之间互动的场所。由此可见，面对常规的每一节课，面对基础不一的每一个学生，面对每一个新的知识点和每一个学生不同的需求，打造翻转教学模式下以学生为中心的高效课堂教学就显得十分重要。

一、云计算支持下的教学模式诉求

　　随着现代信息技术的迅猛发展，网络技术在教育中的应用日益广泛和深入，特别是互联网与校园网的接轨，为学校教育提供了丰富的资源，使网络教学真正成为现实，为有效实施素质教育搭建了平台，并有力地推进了新课程改革。现代信息技术的发展在为创新人才的培养提出挑战的同时也提供了机遇。要大力推进现代信息技术在教育过程中的普遍应用，促进现代信息技术与学科课程的整合。而运用现代信息技术的教学具有"多信息、高密度、快节奏、大容量"的特点，其所提供的数字化学习环境，是一种非常有前途的个性化教育组织形式，可以超越时间和空间的限制，使教学变得灵活、多变和有效。处在教育第一线的我们，必须加强对现代化教育技术前沿问题的研究，努力探究如何运用现代信息技术，尤其是在课堂上将基于现代信息技术条件下的多媒体、计算机网络与学科课程整合，创新教学模式、教学方法，更好地激发学生的学习兴趣，调动其积极性，使课堂教学活动多样化、趣味化、生动活泼、轻松愉快，提高教学效率。

无线网络为我们提供了移动学习的基础设施，移动学习可解决传统教学时空受限的问题，可实现教与学随时随地进行，可开展"Anyone""Anytime""Anywhere""Anystyle"的 4A 学习模式。大数据为客观评价学习效果及教学质量、科学实施因材施教等指出了方向。慕课与翻转课堂已成为信息化环境下教与学模式研究的热点。但如何构建基于无线网络和大数据，吸收慕课和翻转课堂的优点，又结合我国基础教育班级授课制实际的课堂教学支撑平台呢？为此，我们根据需要设计并构建了云课堂教学模式。

云课堂包含的角色有学生、教师和管理员，他们都可通过网络或者平板电脑与服务器交互，实现所需的功能，如出题、出卷、布置作业、考试、做题、批改作业等。浏览器与服务器交互主要是给管理员和教师提供图形用户接口，以方便其使用电脑进行系统的管理工作，如系统参数设置、用户管理、题库管理、试卷管理、考试管理和教学质量分析等相关功能。平板电脑与服务器交互可为所有角色服务：管理员可以了解指定教师和班级的情况；教师可以实现实时出题、出卷、布置作业、批改作业、改卷，查询学生学习情况等；学生可以实现实时学习、考试、练习等功能。

以云课堂为核心，我们还设计了"四课型"渐进式自主学习方式。其基本模式是先学、精讲、后测、再学：教师提前通过学生学习的支持服务系统向每个学生发送资源包，包括导学案、课件、测试题及有关学习资源（包括微视频等）；学生参考资源包，依据课本进行预习自学，并记录问题或疑问；学生通过平板电脑或其他媒介展示反馈学习成果，或通过学生学习支持服务系统进行前测，通过测试展示学习成果或问题；对反馈回来的重难点内容可由学生或教师进行点拨，在充分质疑、交流的基础上进行归纳总结（教师与学生互动）；最后通过学习平台进行练习评价课，系统自动统计测试成绩并对其进行分析，之后由学生、教师或系统进行讲评。

这种课堂教学支撑平台支持下的课堂教学可满足以下诉求：第一，满足课堂教学的要求。慕课和翻转课堂无法支持课堂教学的各方面要求，而云课堂可支持课堂教学的各个环节，包括备课、上课、提问、课堂练习、单元测验、考试、学生评价等，并具有可操作性和方便性。第二，可随时随地组织课堂教学。慕课授课形式具有局限性，翻转课堂不能实时地进行课堂教学，云课堂则在无线网络的支持下，可以不限时间和地点地组织课堂教学。第三，支持各种形式的教学模式，其中包括慕课模式和翻转课堂模式。第四，支持因材施教。基于大数据，云课堂可以自动或人工地获取教学行为、学习行为等数据，建立评价体系和数据挖掘模型，客观评价学习效果、教学效果、学生分析等，从而根据这些数据和评价信息，实施因材施教。第五，支持教学资源开放、共享。原则上，云课堂支持各种形式的教学模式和学习方式。

二、云课堂中师生的自主学习角色

(一) 学生角色

学生进入云课堂后会看到自己未完成的任务，其中包括教师发布的考试、作业和学习资源；能够查看自己制定的学习任务，如查看学习资源和错题练习等；系统会根据学习曲线算法在适当的时间给学生布置相应的学习任务，如学生长时间没有复习和练习某个知识点时，系统会将相应的学习资源和练习推送给学生进行复习和练习。

学生可以查看自己最近一段时间的学习记录，及时了解自己的学习情况。学习记录中包括最近学习了哪些资源以及学习每一种资源所用的时间、测试情况的反馈，包括每一个知识点测试题目的数量、正确率等信息。平时考试、做作业会产生错题，利用好这些错题可以有效提高学习效率。学生可以利用云课堂的"错题本"功能，根据时间顺序（倒序）、试题错误次数（倒序）、知识点归类和随机这几种方式查询最近的错题，每一道错题都可以进行即时练习，每一次练习都自动存入系统，并根据结果的对错调整该错题的权重。同时，系统可以自动推送与某道错题相关的知识点和学习资源，以方便学生进行针对性的学习（因材施教）。另外，云课堂的考试、作业功能可以根据学生的学习记录自动剔除学生已经牢牢掌握的试题，从而缩短学生的学习时间，提高其学习效率。

学生可自主地在题库中以随机（由系统根据算法进行预筛选）或指定筛选条件等多种方式抽取试题来进行学习。系统会根据学生的特点推送与掌握不好的知识点相关的试题供学生进行练习（缩短学习时间）。同时，系统可根据高分学生的学习记录，推送这部分学生的学习资源和练习题供当前登录的学生进行练习，并根据练习题的测试情况调整推送参数，以探索最适合该学生的学习模式。针对每个学生的不同学习特点，系统能够对学习资源进行有效分类从而将知识点和学习资源建立网络结构，并根据教师指定的难度和实际测试过程中形成的难度数据建立分层结构（海量资源分类）。

（二）教师角色

教师可利用平板电脑或其他方式出题，同时指定试题的属性，如关联的知识点、体现的能力和难度系数等。对于试题的难度系数，系统可以根据学生答题的情况计算出来，自动将错误率较高的题目推送给教师并给出相应建议，从而优化题库。为了提高教学效率及资源利用率，系统可以统计每个资源的使用情况，包括学习次数和时间等，并针对使用过于频繁或者过少的资源推送通知。同时，系统还可以监控学生学习指定资源的情况，包括近期学了哪些资源、投入时间如何、成绩如何等，从而更准确地了解学生的学习情况，提高课堂教学效率。

教师可以通过考试系统发布随堂练习，及时查看学生对学习的掌握程度，以便当堂解决学生在本节课学习中存在的问题。考试系统可以根据历史数据，对试题库中的试题进行预筛选，剔除正确率非常高、近期出现频率过高的试题，同时将错误率过高、近期很少出现的试题前置显示，为教师提供更多的建议，从而提高出题质量，实现因材施教。在体现个性化教学方面，系统中的学生学习情况查询功能可以使教师了解学生的整体情况，包括错误率较高的知识点和题目；同时，将查询到的数据与相应学生学习资源的时间投入情况进行对应，以协助教师分析学生失分的原因；还可以针对指定学生，了解其最近的学习档案和考试、练习情况，包括其薄弱知识点、资源学习的盲区等，以便针对个体给出个性化的学习建议。

三、营造师生及生生互动的学习空间

（一）师生、生生互动

云课堂采用先学、精讲、后测、再学，并有教师参与的教学模式。在云课堂中，教师根据学科类型、知识点特点、学生特点、教学目标与教学内容等，可采用灵活多样的教学方式，并且系统可自动记录学生行为和教师行为的数据。

教师根据系统提供的数据可以了解每一个学生的学习情况，学生也可以通过"点赞"或"不赞成"，"笑脸"或"哭脸"等方式对某知识点的学习心情、学习效果、教师讲解等情况做出直观的回应。学生之间可以针对某知识点的学习进行竞争学习，教师和学生之间可针对某知识点发起话题讨论等，在课堂教学中实现师生、生生互动。更重要的是，这样可采集到用于学生分析和管理的真实数据。

（二）个性化学习

在课堂教学中，虽然学生是在教师的安排下进行有序学习，但课上时间主要集中在教师对疑难问题的解答或教学内容的精讲上。而那些在课上没学会或缺课的学生，则可以在课外登录云课堂，自主学习与在课堂教学中相同的内容。在课外，系统会根据每位学生的学习路径和近期的学习情况，针对教学过程中的重难点和每位学生学习过程中的错误点进行个性化推荐。根据系统记录的学生错误试题的数据，教师也可以进行个性化指导。

（三）学习轨迹与成长记录

云课堂可以详细记录学员的学习过程和学习习惯等相关数据，再加上教师的指导，更能充分发挥这些数据的作用。

第二节　云计算网络移动自主课堂的改革突破

云课堂是基于无线网构建的课堂教学支撑平台，它充分吸收了无线互联的优势，教师可根据教学目标、教学内容、教学方法等，利用教学资源支持备课、上课等教学环节，并建立知识点之间的内在联系。

一、构建自主学习的移动课堂

自主学习（意义学习）是相对于被动学习（机械学习、他主学习）而言的，它是指教学条件下学生的高质量的学习。学生可以明确提出课前自学，并提出疑问。教师可在课堂上引导学生进行分组讨论，解决问题，对于一些共性问题进行点拨。

我们要强调自主学习、合作学习、探究学习，要把所有学生的学习都提高到自主学习的高度。自主学习就是学生自我导向（明确学习的目标）、自我激励（有感情地投入）、自我监控（发展学生的学习策略和思考策略）的过程。作为教学的一个目标，应通过解决具体真实的问题来更好地明确解决问题所依据的原理。让学生能够把这一原理应用到更广泛的情境中去。原有的试图说服学生、命令学生、简单重复已有的正确结论的学习方式不仅禁锢了学生的思想，剥夺了学生质疑的权利，更压抑了学生的创造潜能。

自主学习具有以下几个方面的特征：学习者参与确定对自己有意义的学习目标，自己制定学习进度，参与设计评价指标；学习者积极发展各种思考策略和学习策略，在解决问题的过程中学习；学习者在学习过程中有情感的投入，学习过程有内在动力的支持，能从学习中获得积极的情感体验；学习者在学习过程中对认知活动能够进行自我监控，并做出相应的调适。

自主就是尊重学生学习过程中的自主性、独立性，在学习的内容上、时间上、进度上更多地给予学生自主支配的机会，给学生以自主判断、自主选择和自主承担的机会。过去的课堂是教师主导学生学什么、什么时间学，学生始终处于被动状态，这种过度控制压抑了学生学习的兴趣和在学习过程中的美好体验。自主学习可以有效地促进学生发展，大量的观察和研究充分证明，只有在此种情况下，学生的学习才会是真正有效的学习。学生会感觉到别人在关心他们，对他们正在学习的内容很好奇，同时也会积极地参与到学习过程中，在任务完成并得到适当的反馈后，他们看到了成功的机会，也对正在学习的东西更加感兴趣并觉得富有挑战性，感觉到他们正在做有意义的事情。例如，弗莱明发现青霉素的过程，反映了自主学习及时发现问题、提出问题、解决问题的过程。

1928 年底的一天，弗莱明和他的同事在实验室闲聊，突然发现一只原本培养金黄色葡萄球菌的培养皿出现了一圈清晰的环状带，于是提出了"为什么霉菌周围的金黄色葡萄球菌消失了呢""是不是在霉菌中存在一种物质可以杀死葡萄球菌"的问题，他带着问题继续研究，终于制成具有杀菌力的青霉素。这说明科学的发现，需要多问几个为什么。要促进学生的自主发展，就必须最大限度地创设让学生参与到自主学习中来的情境与氛围。

二、构建合作学习的移动课堂

合作是对教学条件下学习的组织形式而言的，相对的是"个体学习"与"竞争学习"，是学生之间和师生之间的互动合作、平等交流。在合作学习中，学生不再是孤立的学习者，而是愿意与同伴一起合作学习，与人分享学习与生活中的失败与成功的体验者。合作是一种开放的交流。培养学生合作的品质，可使学生乐于与他人打交道，这是培养人的亲和力的基础。合作学习是学生在小组或团队中为了完成共同的任务，有明确的责任分工的互助性学习。它有以下几个方面的要素：积极承担在完成共同任务中个人的责任；积极地相互支持、配合，特别是在面对面的促进性的互动中；期望所有学生能进行有效的沟通，建立并维护小组成员之间的相互信任，有效地解决组内冲突；对于个人完成的任务进行小组加工；对共同活动的成效进行评估，寻求提高其有效性的途径。

合作动机和个人责任是合作学习产生良好教学效果的关键。合作学习将个人之间的竞争转化为小组之间的竞争。如果学生长期处于个体的、竞争的学习状态之中，久而久之，学生就很可能变得冷漠、自私、狭隘和孤僻，而合作学习既有助于培养学生合作的精神、团队的意识和集体的观念，义有助于培养学生的竞争意识与竞争能力；合作学习还有助于因材施教，可以弥补一个教师难以面向有差异的众多学生教学的不足，从而真正实现使每个学生都得到发展的目标。在合作学习的过程中，由于有学习者的积极参与、高密度的交互作用和积极的自我概念，因而教学过程远远不只是一个认知的过程，同时还是一个交往与审美的过程。

事实证明，要提高一个孩子的学习成绩，更有效的办法是促进他的情感和社会意识方面的发育，而不是单纯地集中力量抓他的学习。合作学习可以帮助学生通过共同工作来实践其社会技能。合作式的小组学习活动可以培养学生的领导意识、社会技能和民主价值观。

三、构建探究学习的移动课堂

"把课堂还给学生"即教师要积极地在课堂上开展探究式教学，让学生不仅知其然，还要知其所以然。探究教学的含义是：在教学过程中以具有教育性、创造性、实践性、操作性的学生主体参与活动为主要形式，以鼓励学生主动参与、主动探究、主动思考、主动实践为基本特征，以教师合理的、有效的引导为前提，以实现学生各方面能力的综合发展为目的，促进学生整体素质的全面发展。

与探究学习相对的是接受学习。接受学习是指将学习内容直接呈现给学习者，而在探究学习中学习内容是以问题的形式来呈现的。和接受学习相比，探究学习具有更强的问题性、实践性、参与性和开放性。通过探究过程以获得理智和情感的体验、建构知识、掌握解决问题的方法，这是探究学习要达到的三个目标。"记录在纸上的思想就如同某人留在沙上的脚印，我们也许能看到他走过的路，但若想知道他在路上看见了什么东西，就必须用我们自己的眼睛。"德国哲学家叔本华的这番话很好地道出了探究学习的重要价值。探究学习也有助于发展学生优秀的智慧品质，如热爱和珍惜学习的机会，尊重事实，客观、审慎地对待批判性思维，理解、谦虚地接受自己的不足，关注美好的事物等。

探究创新就意味着不故步自封、不因循守旧、不墨守成规，总是试着改变，所以创新、探究和发展是健康人格的重要组成部分。缺乏创新意识和能力的人的人格是不完善的，一个自我实现的人总是带有开拓进取、勇于冒险的精神，不会固守不变、得过且过。探究学习即从学科领域或现实社会生活中选择和确定研究主题，在教学中创设一种类似于学术（或科学）研究的情境，学生通过自主、独立地发现问题、实验、操作、调查、信息搜集、处理表达与交流等探索活动，获得知识、技能，发展情感与态度，特别是在探索精神和创新能力方面开发学习方式和学习过程。

中学探究性教学过程：启发引导—自主研究—讨论深化—归纳总结—应用创新。这种探究学习教学的基本思路是，先明确学习目标，带着问题去学习探索新知识，可通过预习列出知识框架并找出疑难点，然后查找资料，尽可能地先解决此时所发现的疑难点。在课堂上，教师要走下讲台，到学生中间去，当好"导演"，要调动好课堂气氛，让学生在课堂上有问题提、有问题探究，有问题通过小组合作来解决；要允许学生发表不同的观点，教师只在一些科学性的问题上给予明确答案，适时进行点拨指导，如果学生提不出问题，教师就要事先准备好有探究性的问题，不同类型的内容有不同的探究方法，如有对新的知识点的探究，有对概念间的区别的探究，有对科学家研究问题思路的探究，有探究性实验的设计，有探究性问题的资料研究，有对照实验设计的探究，有对实习、实践等问题的探究等。总之，新课程教学要真正体现把学习知识的主动权交给学生，那种靠教师唱独角戏，采取满堂灌的做法都不能适应新课程改革的需要。

四、教师落实移动课堂的教学模式

教师走下讲台，创造活跃的课堂氛围，可以使学生迅速进入情绪高昂、智力振奋的内心状态，从而有效地促进学生思维方式以及思维过程中能力的迁移，达到培养学生联想类比能力的目的。这就是"激趣——探究"教学，其基本模式为：激发兴趣—提出问题，做出假设；设计方案—分组实验，合作探究；分析数据—发现规律；综合考虑—得出结论。这使课堂真正成为一种民主、和谐、共进的平台，最大限度地提高了学习的自由度。这种教学模式改变了师生在课堂中的角色定位，使学生成为课堂的主角，使教师担当了"导演"，通过教师的"导"，让课堂成为一个真正的"学习共同体"；使教师与学生能够分享彼此的思考、经验和知识，交流彼此的情感、体验和观念，共同创建一个"合作型的课堂"；使师生在合作的过程中都能有所收获，真正实现师生的共同发展；使教学从"主体失落"走向自身觉醒，教学觉醒意味着教学主体的回归，教学觉醒意味着教学过程是一种对话；使学生从边缘进入中心，这种教学模式需要重视学生的多元化，需要教学回归到学生的现实生活。

关注学生作为"整体的人"的发展，是指"为了每位学生的发展，让每一位学生都自信，使每一位学生都成功"，就要谋求学生智力与人格的协调发展。倡导个性化的知识生成方式，是指学校教学应促进学生发现和创造的兴趣，满足学生主动认识世界的愿望，使学生形成独立思维的习惯以及终身学习的能力。我们所处的时代是一个知识激增的时代，知识浩瀚无边，教师所能教给学生的只是知识总量中极少的一部分。学生只有通过自己主动地探究学习，才能形成对自然界客观的、逐步深入的认识，形成一定的概念和概念体系。变"组织教学"为"动机激发"，变"讲授知识"为"主动求知"，变"巩固知识"为"自我表现"，变"运用知识"为"实践创新"，变"检查知识"为"互相交流"。

第三节　构建网络移动自主课堂教学的重要性

网络移动自主课堂是对传统课堂的变革，是在优秀教师的指导下，先学后教的课堂教学模式。它以发挥学生参与性与主动性为目标，充分尊重学生各方面的差异，注重学生个性发展；它在知识高效传送的基础上，推动课堂教学从"知识导向"向"综合素质导向"转变。

一、网络移动自主课堂的价值定位

网络移动自主课堂，是利用当前多媒体技术的条件和大数据分析的优势，为改变学生学习方式和教师教学方式所做的一种教学改革尝试。它是指把由教师重复讲授的内容，如概念讲解和事实展示等放在课堂教学之前，通过视频或其他形式来供学生学习，从而让学生学习更加主动，让学生逐步学会对自己的学习负责。同时，在当前信息化的社会背景下，网络移动自主课堂可以充分利用多媒体技术，实现教与学的及时互动与信息反馈，把握学生的个体差异，强化教育教学的针对性，使学生的个性发展尽可能地得到满足，尝试为班级授课制背景下学生的个性化学习提供可能和载体。它使学生在课后高效学习的基础上，能够更加充分地利用课堂上的宝贵时间，用于学生完成作业、合作学习、动手操作、探究创造等，实现从"知识导向"向"知识与能力融合"，"认知导向"向"认知与情感统一"的转变。

（一）网络移动自主课堂的指向——让学生对自己的学习负责

从事网络移动自主课堂的研究者和实践者一再强调，让每个学生自己而不是教师和家长对学生的学习承担责任。个体终究要独立面对社会，处理各种复杂的社会问题。培养个体的自主自立意识和能力，既是一个社会问题，更是一个教育问题。在基础教育阶段，如何培养学生的自主学习能力，让学生自己而不是教师和家长对其学习负责，是学生学习成功的关键所在。当然，学生自主学习意识的培养、自主学习能力的养成都很难自然形成，需要教师和家长共同培养和教育。

在我国，学生的自主学习能力同样受到教育者的关注。有学者曾提出学生学习的"三个当家"的理论，即自己当家、他人当家、无人当家。在其他条件相似的情况下，如果孩子能对自己的学习负责，能自己当家，其学习以及今后的发展一般都比较好，在今后的社会生活中抗挫折的能力也较强；如果是教师和家长等他人为孩子的学习"当家"，其学习有的也不差，但是在未来的生活中，他们依赖性较强，独立性较弱；如果没有人为孩子的学习"当家"，在大多数情况下，这些孩子学习不会好，在未来生活中也会产生各种问题。这一事实表明了孩子自主学习意识和能力的重要性。

然而，在一家只有一个孩子的情况下，家长对孩子生活的过度关照、教育的激烈竞争导致的学校对孩子学习的过度安排，使不少的孩子很少有机会发展其自主的意识和能力，这对其在校学习、在社会中生存等都不利。如何培养孩子的自主学习意识和能力，已成为全球教育者共同关心的重要课题。

网络移动自主课堂作为一种"先学后教"的模式，在促进学生自主当家方面有着天然的优势。这一优势表现为：自定进度与步骤的自主学习方式有效地减轻了学生的心理负担，增强了学生主动参与讨论的积极性。

在班级授课制的情况下，教师在课堂上无法面对个别学生进行讲授，这样就会出现在部分学生并没充分掌握相关学习内容的情况下，教师已完成了他的授课任务。一句"大家都懂了吗"，似乎在提示不懂的学生可以提问（只要有学生提出问题，教师也是愿意为其做出进一步指导的），然而现实往往是，在课堂上很少有学生会经常地提出问题，因为他们害怕被别的同学认为自己比别人笨。

在微视频学习的基础上，学生初步掌握了基本的知识，他们在课堂上感到自己有话可说，有话能说，由此，在课堂讨论中的参与性就得到了极大地提高。

心理学的研究表明，人的任何行为都是由其动机所推动的。这种动机有时是内部的，譬如对阅读本身的喜欢、对探究知识的兴趣、对实验过程的好奇等，但是对学生尤其是低年级的学生而言，学习的动机更多是外部的：学得好就有更多机会在同学面前展示，就有机会教自己的同伴；学得好就能够得到教师的表扬、家长的鼓励、同学的赞扬等。网络移动自主课堂给了学生展示自己的舞台，这无疑对学习自主性的增强有着极大的意义。这是他们迈向自己对学习负责、自己对未来生活负责的第一步，其意义绝不能低估。

很多人都担心：高职院校中自律性不是很高的学生，课后学生不学微视频怎么办？学生只玩游戏，不学课程怎么办？其实，这些问题就像我们现在问"学生回家不做作业怎么办"一样。微视频的学习要比做作业更"好玩"，更适合学生的"玩"的天性，因此，它要比作业更能吸引学生，在这一判断的基础上，可以合理地假定，课后不学微视频孩子的比例不会超过不做作业的学生。

当然，可以肯定地说，在任何时候都会有一些学生抵挡不住外界的诱惑，出于贪玩的本性，课后不学微视频，或借学习的名义在网上玩游戏等。现代数字技术已经发展到了可以实时了解学生在线学习情况的程度，因此，就为教师实时干预学生的学习，或者帮助学生树立良好的学习习惯提供了技术的支撑。

对教育而言，可怕的是让学习成为可怕的事。而网络移动自主课堂旨在转变这种状态，让学生喜欢学习，让学生发自内心地感到学习是自己的事，而不是为了应付家长与学校的布置的作业，最终让学生能对自己的学习负责。

（二）网络移动自主课堂的目标——让每个学生成为最好的自己

客观地说，现行的课堂是在历史发展过程中形成的，与特定的历史阶段相匹配，它有着极大的合理性。然而，随着社会的发展，人们对教育的要求越来越高，它的一些弱点也逐步地显现了出来。

1. 整齐划一的教学步骤

在班级授课的模式下，面对着数十个学生，教师很难照顾到学生的个体差异。教师只能以大体相同的教学进度来面对各不相同的孩子。然而每个孩子都是独特的主体，智能发展、人格倾向、个人喜好都有所不同，教师的教学活动一般都很难照顾到个体之间的差别。一种教学方式适应一部分学生，另一部分学生可能感到无所适从。课堂中以教师的教为主，学生学习被动，学生学习什么、如何学习、什么时候学习、学到什么程度等，都是被规定好的，学生只有被动地按照教师设计的轨道前进。

然而，每个学生都是独特的个体，有着不同的学习速度和学习风格。一个班级内，对于同一内容，有的学生很快学会了，有的学生可能需要花费更多的时间才能学会；有的学生喜欢听讲的方式，有的学生可能喜欢看演示的方式，还有的学生可能需要亲自动手操作才能学会；一个学生学习数学很轻松，但是写作文就很吃力，另一个学生正好与此相反：有的学生喜欢分析各种物理现象，还有的学生擅长手工实践等。

在传统的班级授课制的教学方式下，教师按照相同的课程标准、同一本教材、同样的学习时间、同样的教学方式，来面对这些学习有个性差异的学生。显然，有的学生很快学会了，觉得教师再讲解就得很啰唆；有的学生刚好学会；还有的学生跟不上教师的节奏，没有完全弄明白教师说的内容。下课时间到了，教师离开教室。

课程进展到同一程度，留下了同样的作业，学会的学生作业很快完成了；学得不好的学生会一直困惑。第二天，延续同样的模式，困惑的学生会越来越困惑。教学的实践表明,只有学生每一步的发展得到保障,学生最终的成才才能得到保障。对绝大多数后进生来说,他们在学业上的落后并非天生的,而是在学习过程中慢慢积累的。今天的学习比别人差一步,明天的学习再差一步,长此以往,"欠债"越来越多,无从补起。

其实,按照布卢姆的观点,后进生和其他学生的差别,就在于他们学习同一内容所需的时间更长,如果时间允许,再加上有适合他们的学习材料,95% 的学生都可以达到掌握的程度。

2. 相对滞后的教学反馈

作业是学生巩固所学知识的重要手段,也是教师了解学生日常学习情况的主要途径。教师在课堂上布置作业,学生在课后完成作业,教师从学生完成的作业中了解他们学习的情况,这是当前教学的常态。师生们已经习惯了这样的教学反馈模式。然而,事实上,当教师在隔了一堂课后即使准确地了解了学生学习的情况,也已经很难在课堂上及时并有针对性地采取补救的教学措施。

与此同时,教师批改作业也已成了很大的负担,以致出现了一些教师采取抽查作业甚至让学生互批作业的情况。客观上这已使作业失去了教学反馈的功能,只有在学生学业上的问题积累到了一定程度后,教师才能发现他们存在的问题。也就是说,教学反馈的相对滞后在相当程度上影响了教学质量的提高。

3. 多数沉默的互动现实

为改变课堂教学中,学生被动接受的现状,近年来,不少学者和教师做出了诸多探索和不懈努力,如减少班级规模,尝试班级内的同伴互助、小组合作等策略都是这方面的探索。在实践过程中,这些措施都取得了一定的积极成效,但是在教学流程不变的情况下,其效果注定都是有限的。

在大班授课的情况下,人们看到,在班级互动环节中,比较活跃的总是那么几个"尖子"学生,他们思维敏捷,性格开朗,在师生互动中积极带头；而另一批学生往往成了"沉默的多数"，他们或者很少发言，或者只是在被教师点名以后才发言，或者跟在"尖子"学生后面发言，他们担心自己对教学内容理解不深、掌握不透，因而发言水平不高，有可能被教师和同学小看。长此以往，就造成了班级内的成绩分化。

4. 让每个学生成为最好的自己

如何让教学顺应学生的差异，从而为每个学生的充分发展提供指导和帮助，一直困扰着全球的教育工作者。网络移动自主课堂让每个学生成为最好的自己成为可能。

首先，"先学后教"的模式为在教学过程中给每个学生提供公平的机会创造了条件。学生的差异是客观存在的，然而，作为一种"先学后教"的模式学生在课下就已经掌握了基本的知识，尽管他们掌握这些知识所花费的时间，以及所采用的方式可能各不一样，但是，由此他们就有了在课堂讨论中的发言权，他们就不再甘心于充当"沉默的多数"这样的角色，他们也要在班级各种活动中积极参与，找回自信。

此外，及时而非滞后的反馈使得教师极大地提高了教学的针对性，而无须等到问题成堆以后再去解决。对于少数学生的个别问题，现代数字技术能够方便地找出其存在的原因，从而使得这些个别问题也能得以解决。

多种途径的学习为不同思维类型的学生找到适合自己学习的方式提供了更多选择的机会。凯特林·塔克在以"网络移动自主课堂：超越视频学习"为题的论文中指出："慕课学习和网络移动自主课堂的魅力在于，它让人们意识到了学习可以有多种媒介和途径，而不仅仅是在课堂内。事实上，一段在线教学内容，人们可以找到多种表述方式的视频，张教师的没看懂，可以再换李教师的，学生总能找到一段适合自己的。""不让一个学生掉队，让每个学生成为最好的自己"就是网络移动自主课堂的目标。

(三) 网络移动自主课堂的追求——让教育从知识本位走向综合素质本位

所谓综合素质，当然包含学生的认知、情感与身体各方面的素质。所谓教育从知识本位走向综合素质本位，也就是说教育要从以往只注重知识的掌握，走向也要注重学生能力——主要是学生高级思维能力的发展，同时更要注重学生态度、情感、价值观的养成，注重学生身体与心理的健康。从知识本位走向综合素质本位，是社会发展对教育的要求。重视学生综合素质的培养，尤其是价值观的养成，是基础教育阶段自始至终的重要任务，并在当前越来越受到世界各国的重视。教育应充分发挥其培育为人之道的核心作用，培养全球公民意识，帮助人们构建更公平、和谐和包容的社会；在教育内容上更加强调价值观的培养。对社会发展的研究表明，人才培养目标至少应该包括以下几个方面。

1. 国际视野与本土情怀的融合

《国家中长期教育改革与发展规划纲要（2010—2020年）》（以下简称《纲要》）特别强调了教育的国际化，这是非常重要的。现代人需要有国际视野，要懂得国际社会，要理解各国文化，通晓国际规则，适应国际竞争，能在国际舞台上贡献自己的一份力量。

与此同时，我们不能忘记，在让学生有国际视野时，还要让他们爱家乡、爱土地、爱祖国。国际化并不是把更多的孩子送出国，或者使更多的孩子在学期间有更多的国际交流的机会。爱国体现了人们对自己祖国的深厚感情，是中华民族的优秀传统。国际视野与本土情怀的融合就是要让孩子热爱祖国、热爱家庭、热爱父母，这几项缺一不可。俗话说，一个人如果对家庭都不热爱，对家乡都不热爱，就很难有什么东西再值得他热爱了。

2. 科技能力与人文素养的统一

没有科技的进步就没有经济和社会的发展，就不可能有产业的提升和转型。因此，我们培养的人才还需要有人文素养，有人文关怀，能够始终从人性出发，从而以高质量的人文素养把握科技发展的方向。唯有如此，我们的社会才有可能持续地发展，我们的地球才有可能持续地成为人类栖息的家园。

现在社会发展在很大程度上是依赖于高科技的。为此，学校要让学生懂得科学，懂得技术，这样他们才能为社会创造财富。但是客观地说，相比较而言，当今社会的人们对科学技术重视有余，而对人文精神敬慕不足。所以我们要珍惜生命、关爱他人，要有人文的情怀、人文的素养。所谓人文情怀，就是要关注生命的意义、生命的价值，学会相互理解，懂得包容和谐。

3. 身体发展与心理健康的和谐

父母和教师都在想方设法地把各种学习负担加给学生。因为他们相信，只有多学点知识，学生才会有更美好的未来，让学生多学点知识，这是对学生前途负责的唯一选择，但是也会造成学生个人发展不全面。

应当承认，家长在这一问题上的选择有非常理性的一面。从家长方面来说，他们看到了未来社会的竞争将日趋激烈，同时，他们对孩子的期望也在不断提高。家长对未来社会的竞争将日趋激烈的预期，应当说是基本正确的，对学生的期望不断提高也是无可指责的。因为教育在客观上存在着选拔的功能。从某种意义来说，通过教育来选拔人才是最公正的选拔。通过教育来选拔人才从本质上来说，是根据人的能力来选拔，它比起根据家长的社会地位和经济地位来选拔要公正得多，它推动了社会的进步和文明的发展。

成年人喜欢把今天学生在课堂上的学习看作是为了未来生活的准备，并提出所谓的"痛苦的童年是未来幸福人生的必要牺牲"，而事实上，学生的学习生活是其人生的重要组成部分，而童年只占了很少的一部分。学生接受现代教育，如果到高中毕业就已经在学校中度过了 12 年的时间，再到本科毕业需要 16 年时间，如果博士毕业则需要长达 22 至 23 年的时间。这部分的时间是人生重要的组成部分。如果学习是痛苦的会对学生未来的人生产生一辈子的影响，甚至有可能造成他们出现反常行为和反社会的倾向。过重的学习负担不仅会使学生失去童年的乐趣，影响他们身体的发展，造成他们心理的压抑和思维与创新精神的下降，严重的还会表现在社会中行为的失常。仅注重学习一个方面，很难实现个人的全面和谐发展。

当然，总体而言学习总是艰苦的，为此，我们要鼓励学生为了社会的发展，为了他们自身人生价值的实现，在今天要努力地学习，要鼓励他们有克服各种学习困难的毅力与勇气。但是，当学习成为一种折磨，而这种折磨超出了学生心理承受能力的时候，作为社会、家长和教育工作者，难道我们不需要认真考虑：我们让学生付出的代价是否太大，是否值得？尤其是，当学习的量超出了学生心理的承受能力，而致使学生表现出一些反常的行为的时候，我们有没有思考过社会为此付出的代价是否太大，是否值得，是否有可能减少不必要的代价。

从这一事实出发，我们对家长和教师的建议是：千万别逼你的孩子或你的学生去学超出他能力的，或他不愿去学的东西。每个孩子都是不一样的。人家孩子能做到的，你的孩子未必能做到；人家孩子能学好的，你的孩子未必能学好。当然，你的孩子能做到的，人家孩子也未必能做到；你的孩子能学好的，人家孩子也未必能学好。最好的学习，是和你的孩子或学生兴趣相配的学习。学习不能只考虑学生的兴趣，也不能不考虑学生的兴趣。看到人家孩子在哪一方面成功了，就希望自己的孩子在这方面也能成功，不从孩子的实际出发，往往是教育失败的开始。

5. 鲜明个性和团队意识的协调

没有个性就没有创造。每个人都应该有自己的个性。你是你，我是我，人家一看就知道。然而，不管人有什么个性，在现代社会中，都要讲团队、讲协作。所以，人们希望今天的教育所培养的孩子的个性是鲜明的，同时又是具有团队协作意识的，能在未来社会当中成为一个能够交流的、健康生活的人。重视知识的传递，一直是教师职业的重要表现。新课程改革虽明确提出对学生培养的三维目标—知识与技能、过程与方法、情感态度价值观，但由于受到当前考试评价体制的制约，过程与方法、情感态度价值观的内容很难在纸笔测试中体现出来，导致在当前的教学过程中，被师生所重视的依然主要是知识的记忆、理解和应用，而过程与方法、情感态度价值观的教育和培养处于被弱化的状态。

有不少人一直心有疑虑：慕课是否适合于高职院校教育？在他们看来，高职院校是学生人生观、世界观与价值观形成的主要阶段，虚拟的网络世界阻断了师生，甚至阻断了生生之间的面对面的交往。这种交往的缺失，必然会导致学生在情感、态度、价值观方面教育的缺失。事实上，在高职院校中，慕课一开始就是以"微视频＋网络移动自主课堂"为基本的模式，而这一模式为师生与生生之间的更深入交流提供了充分的时间，为他们相互之间产生的更深刻的影响提供了难得的机会。

微视频学习是网络移动自主课堂实施的前提，而网络移动自主课堂的目的是解决微视频学习不能解决的问题，如师生和生生之间的讨论交流，以及在此过程中的思维碰撞与深化、情感与心灵的交融、理想信念价值观的确立等。而这些都是需要在课堂上完成的，微视频学习和网络移动自主课堂的实施是密不可分的。这一事实就决定了网络移动自主课堂不会削弱对高职院校学生情感、态度、价值观的教育。

二、云计算对网络移动自主课堂教学的重要性分析

（一）有利于学生多元化地获取知识

科学技术的发展，尤其是信息技术的到来，已大大变革了学生的学习方式。电子白板、移动学习终端等学习工具、教学工具的推广和普及，改变了由教师作为单一的知识来源的局面。云课堂教学模式让学生获取的信息量更多，探索的空间更为宽广，可利用的学习形式更为丰富有趣，从而使学生的学习从单一向多元化转变，从被动学习变为主动学习，从而真正成为学习的主人。

（二）有利于激发学生学习的热情，增加师生的互动

在传统的教学中，如果教师不能用知识的疑点去吸引学生，用优美的语言去感染学生，课堂教学就会呈现教师"单脚跳独舞"的现象。随着时间的推移，学生听得枯燥乏味，教师讲久了自己也觉得没劲。云课堂教学模式最大的好处就是全面提升了课堂教学的互动性，教师的角色已经从"内容的呈现者"转变为"学习的教练"，教师有时间与学生交谈，回答学生的问题，或参与到学习小组观察学生之间的互动，对每个学生的学习进行个别指导。在这样的环境中，学生更深刻地体会到了教师是在引导他们的学习，而不是发布指令，也不会因怕答错问题而拘谨，而是轻松、自信、想学、有意义。

（三）有利于让学生掌握学习的主动性

每个学生的学习能力和兴趣是不同的。在传统课堂教学的方式中，最受教师关注的往往是看起来"最好"和"最聪明"的学生，他们在课堂上积极举手、响应或提出很棒的问题。而与此同时，其他学生则是被动地在听，甚至跟不上教师讲解的进度，也无法真正实现分层教学。云课堂教学则利用教学视频，使学生能根据自身情况来安排和控制自己的学习深度，真正实现分层教学，每个学生都可以按自己的速度来学习。学生可以在课外或回家看教师的视频讲解，使得其学习完全可以在轻松的氛围中进行，而不必像在课堂上教师集体教学那样紧绷神经，担心遗漏什么，或因为分心而跟不上教学节奏。学生观看视频的节奏快慢全由自己掌握，懂了的则快进跳过，没懂的则倒退反复观看，也可停下来仔细思考或做笔记，甚至还可以通过聊天软件向教师和同学寻求帮助。

（四）有利于改变课堂管理模式

在传统教学课堂上，教师必须全神贯注地注意课堂上每个学生的动向，关注自己所讲的每一个知识是否讲清、讲透。大家都清楚，讲课不可能每一节都有趣，一旦知识较难或教师准备不充分，或一些学生稍有分心就会

有跟不上的情况出现，学生就会感到无聊或搞小动作甚至影响其他人学习。实施云课堂教学模式，使每个学生都在忙于活动或小组协作，这样使缺乏学习兴趣而想捣乱课堂的学生也有事可做，"表演失去了观众"，课堂管理问题也就消失了。

（五）有利于让教师与家长深入交流

云课堂教学模式改变了教师与家长交流的内容。大家都记得，每次开家长会，父母问得最多的是自己孩子在课堂上的表现和成绩如何。比如，是否专心听讲，行为是否恭敬，是否举手回答问题，是否完成作业，等等。这些看起来很普通的问题，其实在那种情景回答起来却很片面、很笼统。而在实施云课堂教学后，在课堂上这些问题也不再是重要的问题，取而代之的是：孩子们是否在学习？如果他们不学习，家长能做些什么来帮助孩子学习呢？这些更深刻的问题会带领教师与家长商量如何把学生带到一个学习的环境，从而引导学生主动地去学习，帮助学生成为更好的学习者。

总之，经过云课堂教学后，教师有精力、有时间去获取新知识和新理念，以便不断丰富自己。这样在45分钟课堂上教师不再是满堂灌，而是用高度概括的语言把知识精要在学生最需要的时候讲给学生，课堂中更重视知识的生成过程，以及教会学生归纳概括的能力。这样便能做到有的放矢，真正做到讲课的高效、学习的高效、时间的高效、效果的高效。

（六）有利于转变传统的教学模式

在传统的教学过程中，以教师讲解和学生听讲为主，然而在这种传统的教学模式下，出现了教师很努力但是学生仍兴趣不高的现象，这样的课堂无法形成真正的师生互动，更无法形成真正的生生互动。并且在这种教学模式下，学生的学习兴趣很低，学习效率也很低，尤其是对于以科学和严谨著称的信息技术课程，很多学生的学习积极性本应该很高，但是在传统的教学模式下，必然有很大部分的学生不喜欢信息技术。

网络移动自主课堂教学模式将这种传统的课堂进行了一次翻转，使学生成了课堂的主体，使学生在教师的引导下进行合作探究、互相讨论，彼此之间能够协作竞争、互相提高，并且教师在教学的过程中，其教学水平和业务能力也会有很大提高。

（七）有利于营造个性化的学习环境

在传统的教学模式中，教师如果准备一堂课，理论上这堂课要顾及班级里各个学习层次的学生，而现实是受讲授时间等原因，这堂课的内容仅仅能适合其中一部分的学生，对于其他部分的学生是不合适的。在这样的情况下，新课改所倡导的分层次教学就无法得以实施。而网络移动自主课堂的出现就打破了这一僵局，它要求学生在课前充分地预习课本内容，这样预习课的学习时间就变长了，从而提高了教学效率，并且教师在上课的过程中，利用多种教学情境引导学生相互协作、积极探究，在触发学生学习能动性的同时内化了所学知识。这样的课堂适合于每一个学生，适合于每一个层次的学生，使他们能根据教师发放的学习任务书来达成自己的学习目标。

在利用网络移动自主课堂的时候，电脑的基础知识很重要，但是单纯的信息技术知识很枯燥，学生不喜欢学习这些电脑知识，所以教师可以通过网络移动自主课堂设置一些个性化的学习环境让学生去学习、去应用。比如现在的中学生对电脑游戏比较感兴趣，所以为了让学生能更好地学习电脑的基础知识，教师可以设置或选择一些有益于学习的小游戏，让学生进行通关式的学习，在通关的过程中，让学生学习电脑相关的硬件知识，这样不仅学生学得比较牢固，并且学生通过探索合作完成整个游戏也会提高继续学习的兴趣，在这个合作的过程中，学生的合作能力也有了显著的提高。

（八）有利于构建互动、协作、探究的学习模式

学习不是一个学生独立完成事情的过程，它需要教师与学生通过交流、互动来共同完成，在这个过程中学生完成了对知识的内化。但是在传统的课堂上，这种对知识的内化实现起来非常难，因为教师面对的是整体的学生，

而网络移动自主课堂却将这一内化的过程拉长，学生不仅仅在课堂上可以通过学习得到知识，在课堂外也照样能够习得知识。并且网络移动自主课堂还可以利用多媒体及网络，来实现教师授课的随时暂停、反复播放等有利于学生参与其中并且反复观看、揣摩、思考等行为的实施。并且网络移动自主课堂也能实现教师与学生、学生与学生之间的互动，使学生能够以合作探究小组的形式一起探究，最终达到学会的效果，并且能够灵活地进行知识的应用。

因此，在平时的教学过程中，教师应该专门建立一个学习、交流的平台，然后将自己制作的课件或者是攻克难点和重点的过程放在这个平台上，供学生下载学习，比如信息库的设计方式、如何发布信息和处理信息等。有了这个平台，学生就可以随时随地地学习、复习这些知识，即使有些学生在上课的过程中没有听懂这些内容，在课下自己学习和再复习的时候，也能慢慢地理解这些内容，这其实就是网络移动自主课堂的一种方式。

（九）有利于促进教学评价的改变

在传统的教学过程中，教学评价的方式简单而又直接，即利用考试成绩来评价学生的学习努力程度和学习态度，但这种方式有一定的局限性。自网络移动自主课堂实施以来，教学评价方式也发生了相应的转变，它不仅仅评价学生的学习结果，还利用学生档案的形式评价了学生的学习过程；不仅仅做到了定性评价和定量评价相结合，更做到了形成性评价对总结性评价的总结和补充；另外，网络移动自主课堂还注重以学生的自评和互评相结合的方式对学生进行评价，不仅仅让学生知道自己有哪些方面做得不足，还可以请同学对自己进行监督和评价，这样，学生能够随时看到自己的不足，也能够随时地根据评价内容来调整自己努力的方向。

第八章 "互联网+"高职院校课堂教学模式的创新改革实践策略

第一节 "互联网+"背景下高职院校课堂教学模式改革

随着我国高等教育改革的深化，作为高等院校教学工作重心的课堂教学也在积极探索改革的方法，以适应信息时代对高素质专门人才和拔尖创新人才培养的需要。特别是在"互联网+"的背景下，高职院校课堂教学与传统的课堂教学相比存在很多差别。这就要求新时期高等教育的课堂教学模式要紧跟时代的步伐，改革现有的教学模式，实现教学能力和水平的全面提升。

一、高职院校课堂教学模式变革的动因

（一）传统课堂教学模式的现状

传统的课堂教学模式以教师讲、学生听为特点，当下大学生多为00后，他们有个性、有想法。面对00后的大学生，传统的授课模式已经无法满足学生的个性化需求，导致"教师授课热血沸腾，学生听得昏昏欲睡"。通过观察，我们会发现大学课堂的很多怪现象，如上课睡觉、大量"低头族"、交头接耳等。这些现象说明传统课堂教学是无效的，教学效果不佳。

互联网的普及和4G时代的到来，对高职院校课堂教学产生了重要的影响，探索网络时代大学课堂教学模式变革的重要性愈加凸显。

（二）学习模式的转变

传统的学习模式下，学生获取知识或信息的途径仅限于教材、课堂，随着互联网的快速发展以及智能手机的全面普及，信息的瞬间传播成为一种生活常态。当下，互联网成为信息与知识的主要来源。在互联网的冲击下，学习者可以在任何时间、任何地点获取海量的信息。学习不再是被动接受知识的过程，而是作用于环境的信息理解和知识建构。因此，教师必须调整自身定位，成为学生学习的伙伴和引导者。这种新型的学习模式给传统的课堂教学带来了挑战，为学习者提供个性化的学习指导，已成为高职院校教学模式变革的原动力。

（三）大规模网络开放课程的兴起

伴随互联网与高等教育的深度融合，网络开放课程不断涌现。一是国际性慕课的出现，即国外大学公开课引发了翻转课堂、微课等新型教学模式的探索。慕课的崛起，开启了信息时代学习的新时空、课程的新天地。二是来自"爱课程"的中国大学优质共享课程的建设与开放，展示了中国大学视频公开课的优秀成果。学生可以随时进入这些开放课程浏览学习，免费享受共享课程的学习体验。成功的慕课，要求教师成为一名优秀的课程设计师和出色的演讲家。教师既要像电子游戏的设计师一样环环相扣地设计课程环节，又要像演讲家一般将每一个环节都生动形象地讲授出来。因而，在大规模开放课程的冲击之下，照本宣科和满堂灌式的课程将失去立足之地。

二、"互联网+"时代高职院校课堂教学模式的意义

"互联网+"是将互联网技术与传统行业技术相互融合、相互整合而发展的一种新形态和新业态。"互联网+"对提高高职院校课程教学质量和人

才培养质量具有重要的意义。"互联网+"使高职院校教育的生态环境得到了改善，使高职院校传统教育焕发出新的活力，也为高职院校教育教学发展带来新的契机。"互联网+"使得高职院校的教学模式从封闭走向开放，实现了高职院校"教"与"学"的深度融合，高职院校学生学习的主观能动性得到了极大提高，师生良性互动显著增强。

三、"互联网+"背景下高职院校课堂教学模式存在的问题

（一）授课方式单一

当前，我们在教学过程中主要的组织形式还是班级授课，教学方式仍以传统讲授为主。这种"填鸭式"的教学模式能帮助教师在短时间内高效地完成本门课程的教学任务，教师在教学过程中的主导地位不容置疑，有利于教师对课堂和学生的管理。但是在"互联网+"的时代背景下，这样的教学模式太过重视理论知识的传授与指导而忽视了学生实践能力的培养与提升，对学生无法因材施教，导致理论与实践严重脱节，这显然不符合新时期教育发展的方向与目的。

（二）学生学习的主动性、积极性较差

学生在课堂中的表现是课堂教学成败的关键。正如苏联教育家苏霍姆林斯基所说："如果教师不想方设法使学生产生情绪高昂和智力振奋的内心状态，就急于传授知识，那么这种知识只能使人产生冷漠的态度，而不动情感的脑力劳动，就会带来疲倦。"在目前人力资源管理课堂中，多数教师仍采用照本宣科的授课模式，教师讲课方式缺乏激情，与学生之间的沟通和交流较少，这就给学生留下了课堂枯燥乏味的印象，逐渐地失去了对课程的兴趣。而处于青少年时期的大学生自制力较差，但是他们对于新鲜事物和敏感信息兴趣浓厚，这就使得与枯燥无趣的讲课方式相比，他们会转而关注手机、电脑、课外书等一些娱乐工具，学习的积极性主动性自然会逐步下降。

（三）"教"与"学"脱节问题突出

目前在教学过程中，教师大多采用常规教学手段，占据了大部分的上课时间。而高职院校中对教师的管理较为宽松，多数教师基本上上完课就离开了，留给学生与教师的交流时间非常有限。除非教师专门辅导，否则大部分学生的很多问题都得不到及时解决，教师的教学成效很难真正有效地体现出来。"教"与"学"严重脱节。

四、"互联网＋"背景下高职院校课堂教学改革路径的选择

（一）转变教学观念，构建以学生为主的教学模式

"互联网＋"环境下倡导以学习者为中心，教师在教学活动中的主导地位发生了改变，由"教学"转变为"导学"，教师的角色由传道、授业、解惑者转变为学习者的向导、参谋、设计者、协作者、促进者和激励者，而这种转变使得高职院校的教育模式必然会更加开放。在这种环境下，教师更应该注重学生应用能力和创新能力的培养，因此教师需要更高层次的教育教学能力，熟练掌握现代教育技术，充分研究教学的各个环节，才能适应"互联网＋"环境下的新的教育需求。作为从事高职院校教育的教师，要学会适时转变教学观念，跟踪现代教育思想的发展，不断更新知识，提高自身素质，努力适应学习化社会的需求。

（二）转变学习方式，提高学生的积极性、主动性

倡导以弘扬高职院校学生的主体性、能动性、独立性为目标的自主学习，是目前高职院校教学改革的一个重要举措。首先，在进行自主学习的时候，学生要加强自我管理，清扫学习中的干扰因素，使用固定的学习区域、固定的学习时间，最终养成习惯并且固化。其次，加强合作互助式学习。学生可以以建立学习小组、利用互联网建立讨论组、参加学习论坛、参加学校的社团的方式进行合作互助式学习。通过合作互助增强学习效果，

提高学习效率。最后，在自主学习中，学生要积极与教师沟通交流，这样不仅可以增强师生友谊，而且可以增强学生自主学习的效果。

（三）转变教育理念，营造有利的教学氛围

"互联网+"改善了高职院校教学资源分布不均、发展不平衡的情况，其教学方式不再受时间和空间的限制。在"互联网+"环境下，高职院校要转变教育理念，可以让学生通过跨校选课、学分互认、师资合理流动等方式实现优质课程资源的共建共享，为社会培养的优质的人才。"互联网+"为高职院校课程教学改革提供了新的机遇和挑战。"互联网+"时代的高职院校教师应当时刻把握互联网信息技术的发展与进步，才能更容易让新时期的学生理解和掌握自己所授的专业知识，真正实现教学效果的提升。

第二节 "互联网+"时代高职院校教师信息化教学能力的提升

关于"互联网+"的应用，人们关注的热点更多地集中在教育领域，使得"互联网+"教学成为研究热点。大数据、云计算、智慧地球等技术手段的相继出现，丰富并完善了教育教学的手段与方法。在"互联网+"教学时代，信息化教学能力成为当代高职院校教师最重要的职业素质与核心竞争力。

一、"互联网+"时代高等教育发生的变革

（一）培养目标的改变

在"互联网+"时代背景下，社会大环境发生了翻天覆地的变化。社交网络普及、大数据热潮的出现，意味着教师与学生所掌握的信息技术应用能力，以及通过信息技术手段进行教学的创新创造能力成为新环境下竞争

的核心技能。新时代人才核心竞争力的改变，要求高等院校在人才培养目标方面要从过去重点强调知识传授、原始技能培养转变为传授学生生存于信息化社会的方法与能力。相比于知识本身，获取知识的技能变得越来越重要，这些技能包括学习创新技能、数字素养技能、职业素养技能，其中，"数字素养技能"的内涵更丰富、更重要，它也是"互联网+"时代社会竞争的核心技能。

（二）培养对象的变化

美国著名学习软件设计家马克·普连斯基（Marc Prensky）于 2001 年在《数字原住民，数字移民》一文中按人类信息技术接受与应用程度将学习者分为"数字原住民""数字移民"和"数字难民"三大类："数字原住民"，是指在数字时代成长的新生代，他们能易如反掌地应用数字工具和现代通讯方法；"数字移民"，是指社会中年纪较大的成年学习者，他们成长时没有数字技术工具的陪伴，成年后开始接触数字科技，只有经历较为艰难的学习过程才能适应崭新的数字化环境，才能与周围的"数字原住民"有效沟通；"数字难民"，是指社会上选择逃离而不融入本土文化的老年学习者，他们逃避面对，甚至反感数字化生活方式。按照这种分类方式，今天的高等教育所培养的对象堪称真正意义上的"数字原住民"。他们绝大多数都是生于 2000 年之后，从小生长在信息化、抽象化、数字化的社会里，手机、电脑、网络就是他们生活的工具与环境，数字化是他们的生存方式，因此他们的学习兴趣、学习方法、思维模式、情感交流方式与过去的"数字移民"学生相比发生了巨大的改变。如今高等教育培养的对象可以称得上"数字土著"，他们的思维方式在一定程度上体现出超文本的、跳跃的特点，更喜欢视觉的冲击和多种感官的刺激，倾向于视觉化的、图表化的表达方式，例如各种网络表情在社交中的广泛应用已经成为"数字土著"学生语言的一部分。在日常学习工作中，他们更倾向于寓教于乐的学习方式，利用互联网，他们消息搜索获取速度快，接受新事物速度快，学习新事物速度快，掌握新技术速度快，网络语言传播速度快，朋友沟通速度快。

（三）教学环境的改变

电脑和多媒体丰富了传统的课堂教学，现在数字终端和互联网成为推动教学创新与教学变革的强大外力。随着"互联网＋"时代的到来，特别是网络技术与移动通信技术成熟广泛地应用，大大拓展了教学的空间，延长了教学时间；信息密集、快捷方便的远程教学、虚拟学校使得教学不再受时间、地点的约束，学习环境更加自由，教师教学灵活性提高，学生学习自主意识不断增强。

二、"互联网＋"时代信息化教学与传统教学的辩证关系

从技术与教学互动的发展史来看，教学形态出现了从传统教学、多媒体教学到信息化教学的发展趋势。"互联网＋"是个新生事物，它的出现与教育教学相互融合渗透，创造出无限可能的教学形态。"互联网＋"热潮的出现，一方面要求教育工作者要关注时代为现有教育教学带来的机遇与挑战，思考现有教学方式的不足，利用"＋"号的无限可能改进现有教学方式，提升教学效果；另一方面，"互联网＋"时代的信息化教学改变了知识传播的载体，相比于传统教学，信息化教学在知识传播方式与传播效率方面具有显著的优势，但这并不意味着传统常态教学方式会完全被信息化教学所取代。

在如今这个包容、多元化的教学环境下，探索和发挥各种教学方式联合使用的优势应该被大力提倡，同时教育工作者还应该保持清醒的头脑与认识，不管在什么时代，采取何种多样化的教学手段，"教"与"学"才是根本出发点，它并不会因为时代的改变、教学手段的改变而变成非教学的东西，所以无论是现在普遍采用的多媒体教学方式，还是"互联网＋"信息化教学方式，教师与学生始终要处理好"教"与"学"的关系，实现教学相长。

三、"互联网＋"时代对教师信息化教学能力的新要求

随着计算机网络的飞速发展，互联网已经应用到生活的各个领域，基于"互联网＋"背景下的各种新的教学技术手段（微课、慕课、翻转课堂等）不仅提高了课堂的教学效率，而且提升了学生的创新能力。传统的教学方法已经跟不上时代的发展，教师需要不断更新知识，掌握新的技术，尤其在互联网时代，将信息化应用于教学是必不可少的一种能力。

基于"互联网＋"背景下产生新的教学方法，均是以学生为主，教师为辅，也就是说，教师的作用从主导变为引导，这种角色和地位的转变，使一些教师还不适应新的身份。因此，教师要及时转变思想，积极应用，提升信息化教学能力，给学生新的教育方式和方法。

四、高职院校教师信息化教学能力的提升策略

近年来，"基于大数据的学习分析""云计算"这些新技术和新理念改变了学生的学习方式和教师的教学方式；视频公开课、开放教育资源，丰富了教学资源形式；翻转课堂、网络社交媒体拓展了知识的获取形式，为教学改革创新带来了新的契机。高职院校教师及相关管理部门应该从以下几个方面着手提升教师的信息化教学能力。

（一）教师需加强自身的学习意识，更新教学理念

"互联网＋"时代的信息化教学，只是利用了新的载体与手段进行教学，无论什么形态的教学，要想取得理想效果，教师的自我更新与提升才是至关重要的。只有教学理念跟随时代进步了，让先进的理念指导教学行动，才能收到理想的教学效果。对"互联网＋"没有宏观的把握，对信息化教学没有正确的理念认识，就无法开展有效的信息化课堂教学，这也是高职院校信息化教学要解决的首要问题。

在部分高职院校教师中，尤其是前面提到的"数字移民"与"数字难民"类教师群体，他们在经过十几年甚至几十年的教学后，已经形成了个人固有的教学模式与教学习惯，要让他们在短期内改变固有的教学模式，接受新兴的教学模式是非常困难的。对数字化与信息化不敏感的教师普遍认为，信息化教学就是在教学中使用图片、音频、视频、PPT课件演示教学内容，事实上，这混淆了多媒体教学与信息化教学，是对信息化教学本质上的错误理解。真正的信息化教学是一种教师能够充分利用现代信息技术手段，根据教学内容合理构建学习情境，引导学生通过资源与信息的搜集，依据自己实际认知水平与学习能力来开展自主探究式与协作式学习的教学方法。

（二）教师要善于利用互联思维与大数据思维

"互联网+"的信息化教学并不是将多媒体教学内容通过PC应用程序简单地在终端设备上呈现，而是要根据教学内容和学习对象，面向智能终端或移动终端的中小屏幕，用互联思维融合各种优质资源，根据学生的碎片时间学习特性开展合理的教学设计，为学习者提供传统互联网所不具备的移动互联网创新教学功能。同时，在传统教学中，高职院校教师的教学往往都是依据经验教学思维，分析总结学生的学习情况，改进教学实施办法。在"互联网+"时代，随着物联网、云计算在教学中的运用，教育领域也积累了海量的数据，教师应该善于运用大数据思维对学生学习过程、学习行为进行解释与分析，从而评估学生学习效果，得到每个学生的真实情况，发现潜在问题并实施有效的教学改进。比如利用信息技术总结的数据，可检测学生的学习行为和学习经历，方便教师针对学生整体和学生个体进行有针对性的教学；利用大数据开展学业质量评价，帮助教师优化教学内容，调整教学安排，为学生提供个性化的学习服务。

（三）学校开展全方位的理论学习与业务学习

教师培训是提高教师专业素质及教学技能的重要且有效的途径。高职院校教师的信息素质高低直接影响到信息化教学设备的应用水平、利用效率与信息化教学的应用效果。高职院校本身以及教育主管部门应当根据教师的年龄结构、专业结构、知识结构、既往学习情况等提供分层次的进修培训，通过为教师提供信息教育技术方面的培训，为"互联网+"信息化教学提供人才保障。

当然，除了培训对象应该分类以外，培训内容也应该分模块地系统化层层推进：首先是信息化教学基础理论学习。学校可以组织全体教师以教研组、专业为单位，学习与信息化教学有关的内容，从抽象的文字概念上对教师进行信息化教学普及，建立初步的印象。其次是提升认识学习。在了解了信息化教学的相关内容后，邀请开展信息化教学的同行与专家进行专题讲座，专题内容具体涉及信息化教学资源建设、信息化教学设计、信息化教学实施与信息化教学效果评价等方面，分专题细化信息化教学的内容，拓展提升教师对信息化教学认识的广度与深度。再次是具体案例学习。组织经验丰富的教师进行信息化教学案例与作品展示讲解，结合具体课程作品，介绍设计初衷、设计思路、设计过程，将信息化教学理论落实到教学各环节里，更加直观、生动地呈现在教师面前，使教师能够更清晰地明白信息化教学具体如何开展。最后是实操巩固练习。学校采取相应的激励措施和资金技术支持，鼓励一线教师在日常教学中进行信息化教学的尝试，开展信息化教学比赛，组织全体教师进行信息化教学案例征集，真正通过个人的实际操作将信息化教学理论内化为教师信息化教学的能力。

（四）主管部门加大投入力度，学校加强硬件建设

"互联网+"信息化教学打破了传统的教学模式，它通过构建虚拟教学空间，建设以专业教学资源库为核心的教学应用平台，并通过资源共享，为更多的教师提供优质的教学准备、教学演播及教学评估条件。信息化教学能否顺利开展与校园网在日常教学中的应用普及有关，也就是说，校园网的硬件建设在很大程度上影响并决定着师生参与信息化教学的兴趣与热情。对教师而言，校园网意味着能否有效地支持备课以及上课，能否提供

便捷流程平台供师生教学交流；对学生而言，校园网意味着能否主动参与到专题讨论以及网上投票当中，能否利用校园网顺畅地学习教学资源，能否使用即时通信软件联系教师，这些都是影响信息化教学开展的关键因素。随着国家和地方教育主管部门越来越重视教育信息化，而且部分高职院校信息化教学取得了一定的成效，所有高职院校要提高认识，紧跟时代步伐，抓住机遇，积极争取更多的资金支持和政策优惠待遇，加快推进学校的信息化软硬件和师资队伍建设。

五、高职院校教师信息化教学能力提升的实践

（一）翻转课堂教学模式

随着互联网的发展和普及，翻转课堂的方法逐渐在教学课堂中流行起来。翻转课堂的构建过程主要有三个：第一个是信息传递。这个过程是在课前进行的。教师发布学习任务和视频后学生可以分组合作完成任务，学生在课前需要查阅大量资料，主动学习知识，提高他们的归纳总结能力和自我管理能力，同时，教师提供视频和在线指导。第二个是吸收内化。这个阶段是在课堂中完成的。在课堂上，学生对任务进行讲解，教师对其进行点评和指导。教师对学生的疑点和难点，在课前已经有所了解，在课堂讲授时会有的放矢，学生对于不会的知识点也会记忆深刻。课堂上的师生互动，以及学生之间的交流讨论，体现了以学生为主体，使知识内化升级，提高了学习效率。第三个是巩固阶段。此阶段可以在课堂上和课后双重进行。在课堂上，教师可以在讲解完后，进行随机小测试，在课后，教师可以在网上留作业，检查学生对知识点的掌握情况。另外，评价系统的跟进，使得学生学习的相关环节能够得到实证性的资料，有利于教师真正了解学生的学习情况。

（二）微课模式

微课主要采用教学视频进行授课，教师需要提前录制教学内容。微课

的视频时间不适合录得很长，应该短小精悍，一般 10 分钟左右即可，要有针对性，即针对某一个知识点进行讲解。微课有别于传统的教学课件与教学设计，它对传统教学模式进行了继承和发扬，它不只有简单的教学视频，还会有教学反思、练习测试和学生反馈以及教师点评等板块。相对于传统的课堂，微课堂更能吸引学生的注意力，有利于知识的吸收。微课视频的内容相对较少，因此，主题更加突出，主要是学生不易掌握的重点难点，学生学习起来不枯燥，而知识吸收较传统课堂却好很多。微课的使用很重要的是微视频的设计和组成。微视频的主题一定要突出，目标要明确，结构要完整。微视频是一条主线，贯穿整个教学过程，因此，要有视频、互动、答疑、反馈等环节，人人参与，互相学习，互相帮助，共同提高，形成一个一个主题鲜明、类型多样、结构紧凑的"主题单元资源包"，营造了一个真实的微教学资源环境。因此，微课这种教学模式不仅提高了学生学习的效果，也提高了教师的专业成长。

(三) 慕课模式

慕课（MOOC），即大规模开放在线课程，它是"互联网＋教育"的产物。慕课不是个人发的课程，一定是由很多参与者参与开发的大型（大规模）的课程，才能称之为慕课。慕课是一种大规模开放的在线课程，学习者不受时间和空间的限制，课程也没有人数的限制。与传统的课堂不同，慕课的上课人数甚至可以达到上万人。只要想学习，只需注册一下就可以进来学习。真正体现了资源的共享，打破了地域的限制，随时可以享受一流大学的课程，而且还可以选择自己喜欢的教师和学科进行学习。慕课的整个课程体系是完整的，随时都可以学，学生也可以更合理地安排自己的学习时间，完善自己的知识体系。

(四) 信息化教育

技术与传统的教学方法相结合基于"互联网＋"背景下，产生了很多新的教学方法和模式，那是不是传统的教学方法就要摒弃了呢？当然不是。

因为传统的课堂教学方法也有很多优点，例如，对于一些公式的推导，采用板书的讲解会更详尽，学生理解得更好。如果采用视频或课件，学生会不知道怎么得出来的。所以，信息化的教育技术要与传统的教学方法相结合，才能更好地发挥它的作用。

一方面，新的教育方式之间也需要相互结合，而不是单一的一种形式，可以慕课和翻转课堂相结合，翻转课堂和微课相结合等等，这样既增加了课堂的趣味性，又增强了学生学习的主动性；另一方面，传统的课堂与信息化教育技术一定要结合，才能使原来的被动的填鸭式学习变为主动的探究式学习，对于不同的教学内容要采取不同的结合方式，可以让传统课堂与慕课结合，与微课结合，与翻转课堂结合，也可以让传统课堂与微课、翻转课堂同时结合，这样既体现了以学生为主体，实时互动，实时参与的特性，又让传统课堂借助多媒体技术，使一些很难理解的问题学习起来更加轻松。传统教育与互联网教学只有取长补短，各取所长，相互结合，才能把以学生为主体落到实处，才能充分调动学习的积极性和主动性，提高学生的自我管理和自我学习能力，提高分析问题和解决问题的能力。

信息化教学是时代发展的需求，是当前高等教育发展的必经之路。信息化技术与教育相结合，将极大地提高课堂效率和教学效果，真正实现以学生为主体的教学，充分调动学生学习的积极性和主动性，有利于培养并提高学生的自学能力，提高学生分析问题和解决问题的能力，真正做到学以致用。互联网时代科学技术的发展为教育带来了深刻的变革，教育更关注学习者的个体感受，更关注学习者能力提升及综合素质的发展，教师在其中起到的是一种助教、助导的作用而不是像一般的课堂上所处的以教师为中心的地位。青年教师是高等教育改革和发展的主力军，高职院校青年教师信息化教学能力提升对于提高课堂教学质量、深化高等教育改革至关重要。

第三节 "互联网＋"时代高职院校 "三方两线"同步课堂教学策略

一、概念的界定

(一)"互联网＋"同步课堂

"互联网＋"作为互联网思维衍生发展的新成果,其推动了社会经济生态的转变,同时也为其他产业、行业的改革、发展、创新提供了网络平台。

"互联网＋"同步课堂是指基于互联网信息技术,教师通过网络的方式进行学科专业知识教学,学生则通过网络参与、网络互动等方式学习相关知识,实现教学资源与信息的网络流动,知识在网络上成形,线上、线下活动相互补充与拓展。该同步课堂中教师、教学内容、学生以及媒体平台一起共同构成了新的教学系统。"互联网＋同步课堂"的本质就是整合网络教学资源,将课堂教学内容进行碎片化重构。

(二)"三方两线"

"三方"主要指教师、学生、高职院校三个方面;"两线"即线上网络教学与线下传统教学。"三方两线"同步课堂教学主要是指调动大学生、教师和高职院校三方的积极性,应用"互联网＋"时代的信息技术,整合优秀的课程教学资源,通过协调、配合等方式来共同建设高职院校线上线下同步课堂教学策略。

二、"互联网＋"时代高职院校同步课堂教学现状分析

高职院校之间传统的课堂教学模式大体差异不大,但是现代网络同步

课堂教学则区别明显，我国由于互联网的普及、推广、应用相对较晚，高职院校网络同步课堂教学模式总体应用现状并不乐观。

第一，网络课堂本质有利有弊。从 Web1.0 到 Web3.0 再到如今 WebX.0 的发展，这些都在很大程度上为高职院校同步课堂教学提供了越来越好的教学载体，同时也为全球知识分配、共享、共建提供了新的机会。全世界大量开放性慕课课程极速普及，作为异步网络课堂的慕课创新了一些课程的评价方式、内容呈现形式、教学交互手段等，大大提高了课堂的教学效率，也提升了课堂教学水平。但网络异步教育还是存在着一些弊端。例如，学生作业完成率低下、课程存在感低等问题都严重影响了课堂教学质量；虽然参加慕课学习的高职院校学生不少，但课程完成比例却很低；当前同步网络课堂内容的理论研究与实践应用远远少于异步网络课程。

第二，网络课堂的教学应用有好有坏。随着网络技术在教育领域的深度应用，教育资源在不断社会化的同时也推动了高职院校教育教学改革的创新。相比传统课堂来看，网络课堂有着更广泛的受众群体，而且能够给学生带来更多的学习资源与信息，教学内容呈现方式更能提升学生的感官体验，但学生学习效果不佳、师生互动性弱等问题也日益突显。网络学习虽然让学生成为课题教学的主角，学生拥有一定的空间自主安排需要学习的课程内容与流程，但是，网络学习也让对教学目的有精确把握的教师失去了教育多次的控制权与监督权，容易忽视学生学习能力、自律能力、学习基础差异的形成。同时，网络学习提升了课程学习效果的模糊性，教学中具有人文关怀的引导作用被替代。

当前网络教学中教师与学生获得的信息内容都是数字化、文本化的视频、文档、音频资料，学生难以根据真实学习场景提升学习体验，教师也难以通过教学过程反馈来及时地调整教学内容与进度。因此，"互联网 +"背景下"三方两线"同步课堂教学不仅能够解决以往网络教学中存在的固有问题，而且还能结合线上、线下两种教学的优势，将真实学习情境与虚拟环境相结合,通过教学网络平台的应用,实现以现场教学为主体的同步学习,最终从根本上提升高职院校的课堂教学效果。

三、创新完善高职院校"三方两线"同步课堂教学策略

由上文的分析可知,当前我国高职院校同步课堂教学的总体情况不容乐观,还存在着网络技术的教学应用不够广泛,同步课堂教学的重视程度不够等问题,有必要从高职院校、教师、学生等多方面来创新完善高职院校"三方两线"同步课堂教学策略。

(一)中心高职院校共享远程同步课堂

远程同步互动课堂教学作为分享优势课程师资力量的一种方式,在不影响优势课程执教教师的本校正常教学条件下,向合作院校输送了优质的课程教育资源。同步课堂包含优势课程提供方的主讲教师与教学点的助理教师,此外还可以邀请地方的专家参与远程课程讲座。中心高职院校共享的远程同步课程同样包括了面授课程与同步课堂,课堂上包括了中心高职院校本专业的常规学习学生,此外还要考虑远程同步课堂教学点的学习学生。共享远程同步课堂主要通过以往教学环境、要素的组合与分解,将以往的集中教学分散于不同的网络空间,实现教学上的连续性,师生互动主要通过远程直播课程来实现。远程同步课堂的主讲教师需要控制好教学进度,助教教师负责及时反馈学生的学习情况。中心高职院校共享的远程同步课堂首先应选择教学过程容易控制、教学效果容易量化评估的计算机课程,实现教师、高职院校、学生三方远程同步互动课堂教学模式的稳定化发展,然后再将中心高职院校的共享同步课堂拓展到其他专业课程,从而实现同步课堂教学开展的常态化。

(二)建设专业课程网络教学平台

高职院校需要根据专业特色搭建专业课程的网络教学平台:首先,构

建高水平的本校核心课程。高职院校可以集中开发核心课程和精品课程，保障共享课题教学的高标准。联盟高职院校之间可以统一聘请专家来指导精品课程的建设，同时解决课程开设方面的资源局限。其次，学生通过互动学习掌握更加多元化的课程内容。高职院校联盟间可以构建远程同步互动系统，任何院校的教师都能够对学生的学习情况进行指导，教学过程可以在平台上实时开展。利用直播平台，教师可以在本地对其他教学点的教学内容开展教学，同时汇总、借鉴国内外教学的精品课程，充分调动各方面的教学资源和教学素材，形成高职院校网络教学课程，学生可以在该平台学习课程知识、下载课程资料，真正实现碎片化教学。

在高职院校专业课程网络教学平台建设同时，也需要认识到当前网络虚拟教学环境不再局限于高职院校内部的网络课堂系统，这里包括了各种网络应用平台，包括一些专业型的商务网站与门户网站。比较传统单一的远程网络教学来看，虚实结合的同步课堂教学有效整合了社会网络信息资源，提升了教师对教学过程的监督与指导，降低了高职院校在网络教学平台的资金投入。

（三）转变教师教学观念，提升教学能力

高职院校专业教师应及时更新教学理念，积极参与同步教学平台上的微课程设计与互动教学模块，及时更新自身的信息技术知识，利用网络教学与传统教学的优势来开展教学活动，从而提升自身的教学能力。"三方两线"的同步教学过程教师为"两线"的连接点，同时作为"三方"中的一方，教师不仅可以选择"课堂为主、网络为辅""线上线下互补"，还可以将整个课程全部的教学内容提前放置于网络平台。因此，教师应积极地做好教学内容的线上、线下模块划分，确认线上、线下同步课程学习的侧重点。

（四）打造"双线"同步协作学习模式

"双线"的同步协作学习模式是因网络协作学习的逐渐普及而提出的学习模式，通过多元化、多维度的互动内容提升学生的学习体验。在线上虚拟与线下真实教学环境结合的情况下，人机互动与师生人际互动形成了良性互补。教师不仅能够发挥现场课堂教材的互动优点，提升对课程学习过程的控制与监督，还能够运用人机互动实现教师与学习小组间的"点面"互动，师生间、学生间的"点点"互动。学生可以通过利用网络搜索工具和网络信息资源提升小组协助学习的效率，此外还能够利用网络交流工具与平台开展学习互动。

小组"双线"同步协作学习模式中教师需要根据教学任务特征与难度来分配具体的任务组与角色，从而明确任务流程的各个阶段内容。合作任务小组一般包括3至5人。同步协作学习中教师通过线下的成果评估、人际互动获得教学反馈，从而对线上学习内容进行调整。小组成员的数量需要根据任务类型进行具体的调整，具体环境包括了任务布置、选择方案、角色分工、执行任务、完成任务。

综上所述，"互联网+"时代的到来给各个领域的发展都带来了机遇和挑战，高职院校教育教学也不例外。随着新时期教育教学改革的不断深入，高职院校有必要充分利用"互联网+"时代信息技术的发展优势，整合网络课程教学资源，创新完善基于"三方两线"的同步课堂教学策略，一方面减轻了高职院校教师的教学负担，提高了工作效率，另一方面可以引导学生适应社会发展需要，进行碎片化学习和自主性学习。

参 考 文 献

[1] 陈熙维.大数据视域下高职院校教育教学管理创新路径探究 [J]. 食品研究与开发，2023，44（04）：237.

[2] 石聪.高职院校教育教学管理改革与发展探讨—评《现代教育理念下的高职院校教育教学管理研究》[J]. 中国教育学刊，2023（02）：121.

[3] 张登倩.云大数据背景下高职院校教育教学管理信息化策略探究 [J]. 教育教学论坛，2023（06）：50-53.

[4] 杨金田，贾文彤，张卫.红色体育精神融入高职院校教育教学的价值、内涵与实施路径 [J]. 河北经贸大学学报（综合版），2022，22（04）：68-74.

[5] 王晓晶.高职院校教育教学管理制度体系的建构—评《高职院校内部管理体制改革新论：自主协同的研究视角》[J]. 中国高职院校科技，2022（12）：103.

[6] 王丽娜.地方应用型高职院校教育教学质量文化建设路径的研究 [J]. 湖北开放职业学院学报，2022，35（23）：52-54.

[7] 杨泽凯.微电影在高职院校教育教学中的应用场景与应用策略探究 [J]. 新闻研究导刊，2022，13（23）：179-181.

[8] 鲜艳.“互联网+”背景下高职院校教育教学策略研究 [J]. 吉林省教

育学院学报，2022，38（11）：18-21.

[9] 郝晶晶 . 立德树人视域下构建高职院校教育教学改革体系刍议 [J]. 教育教学论坛，2022（44）：78-81.

[10] 钟丽花 . 大数据时代高职院校教育教学管理的机遇和挑战 [J]. 江西电力职业技术学院学报，2022，35（10）：103-106.

[11] 李旋 . 双创背景下高职院校教育教学改革探索的研究 [J]. 湖北开放职业学院学报，2022，35（19）：1-3.

[12] 张唐梁 . 高职院校教育教学管理理论与实践—评《现代教育理念下的高职院校教育教学管理研究》[J]. 中国教育学刊，2022（10）：118.

[13] 朱赛荣 . 高职院校产教融合的 SWOT 分析 [J]. 当代职业教育，2018（06）：40-45.

[14] 刘洪波 . 基于产教融合的高职多元化创新创业人才培养模式重构 [J]. 教育与职业，2016（13）：83-85.

[15] 李玉芬 . 新时代职业教育产教融合生态圈的建构 [J]. 教育与职业，2018（20）：19-25.

[16] 何龙安 . 基于 OBE 视角产教融合生态圈构建研究 [J]. 合作经济与科技，2018（3）：130-133.

[17] 夏张琳，马丹 . 新时代职业教育产教融合的本质及其实现路径 [J]. 湖北工业大学学报，2018（6）：61-64.

[18] 王生，袁乐 . 建设类高职院校校企联合办学路径研究 [J]. 现代农村科技，2018（12）：75-76.

[19] 张韬 . 产教融合视阈下广东省高职高专商务日语专业人才培养模式的痛点与解决方案初探 [J]. 智库时代，2018（51）：82-84.

[20] 闻丽莲 . 基于"产教融合"形势的高职课程建设与创新研究：以邮轮休闲娱乐服务与管理课程为例 [J]. 中国管理信息化，2018，21（24）：214-216.

[21] 陈群 . 中国特色高水平高职院校建设的缘起、内涵与路向选择 [J]. 教育与职业，2018（24）：5-11.

[22] 邵连，张方园 . 高职院校产教融合协同育人的创新与实践 [J]. 现代商贸工业，2019，40（3）：167-168.

[23] 王世海，王向岭 . 产教融合视域下校企联动培养高职学生党员的路径探索 [J]. 中共山西省直机关党校学报，2018（6）：99-102.